*así como a Elaine y
Lou Markle, los padres
más positivos que conocemos*

Traducción: **Enrique Vivas Romero**

Revisión técnica: **José Huerta Ibarra**
Profesor de tiempo completo en la
Facultad de Psicología, UNAM

PATERNIDAD POSITIVA

Modificación de conducta en la educación de los hijos

Roger C. Rinn
Allan Markle

México, Argentina, España,
Colombia, Puerto Rico, Venezuela

Catalogación en la fuente

Rinn, Roger C.
 Paternidad positiva : modificación de conducta en la educación de los hijos. -- 3a. ed. -- México : Trillas, 2008.
 130 p. ; 23 cm.
 Traducción de: Positive Parenting
 Incluye índices
 ISBN 978-968-24-7975-5

 1. Padres e hijos. I. Markle, Allan. II. t.

D- 306.87019'R612p   LC- BF723.P25'R5.6   995

Título de esta obra en inglés:
Positive Parenting

Versión autorizada en español de la primera edición publicada en inglés por
© Research Media Inc.,
Cambridge, Massachussets, EUA
ISBN 0-89147-038-7

La presentación y disposición en conjunto de
PATERNIDAD POSITIVA
Modificación de conducta en la educación de los hijos
son propiedad del editor. Ninguna parte de esta obra puede ser reproducida o trasmitida, mediante ningún sistema o método, electrónico o mecánico (incluyendo el fotocopiado, la grabación o cualquier sistema de recuperación y almacenamiento de información), sin consentimiento por escrito del editor

Derechos reservados en lengua española
© 1981, Editorial Trillas, S. A. de C. V.

División Administrativa
Av. Río Churubusco 385
Col. Pedro María Anaya, C. P. 03340
México, D. F.
Tel. 56884233, FAX 56041364

División Comercial
Calzada de la Viga 1132
C. P. 09439, México, D. F.
Tel. 56330995, FAX 56330870

www.trillas.com.mx

Miembro de la Cámara Nacional de la Industria Editorial
Reg. núm. 158

Primera edición en español XT
ISBN 968-24-1003-7
✧ (XL, XM, XX)
Segunda edición en español XO
ISBN 968-24-3274-X
✧ (OS, OR, OL, OM, OE, SS, SR)

Tercera edición en español, 2008*
ISBN 978-968-24-7975-5

Impreso en México
Printed in Mexico

Prólogo

Durante varios años hemos conducido y evaluado grupos de entrenamiento de padres y hemos desarrollado, paso a paso, un programa para la enseñanza de habilidades paternas, llamado *paternidad positiva*. A pesar de que nuestra investigación estableció la eficacia de tal programa, no tuvimos éxito cuando buscamos un libro adecuado para padres, a fin de que lo usaran nuestros "estudiantes". Como resultado de tan infructuosa búsqueda de un libro que satisficiera nuestros requerimientos, y tras reiteradas sugerencias por parte de profesionales, colegas y padres, decidimos escribir esta obra.

PATERNIDAD POSITIVA sigue los lineamientos de nuestro curso de entrenamiento de padres. Hemos reducido al mínimo el empleo de lenguaje técnico y la jerigonza. Nuestra meta ha consistido en comunicar al lector, de manera clara y concisa, los principios y técnicas de la paternidad positiva.

Aun cuando este volumen fue originalmente planeado para emplearlo en grupos de entrenamiento de padres, también tiene aplicabilidad como guía para el estudio individual y como libro de texto para cursos de psicología, acerca del matrimonio, de la familia y de la educación, entre otros. En virtud de que esta obra se fundamenta en la teoría del aprendizaje social, misma que posee una vasta investigación de apoyo, el enfoque resulta útil para una amplia variedad de niños y adolescentes, así como para resolver sus problemas. La paternidad positiva nos enseña cómo prevenir problemas entre hijos y padres y enseña a éstos cómo ayudar a los niños para que modifiquen sus conductas.

LOS AUTORES

Agradecimientos

Los autores desean expresar su enorme gratitud a cada una de las siguientes personas por su contribución, la cual hizo posible este libro:

Doctores Daun Martin y A. Jack Turner, quienes llevaron a cabo el programa original de entrenamiento de padres del Huntsville-Madison County Mental Health Center y fueron pioneros en el empleo de procedimientos de grupo en el entrenamiento de padres.

Doctor William H. Goodson, Jr., quien junto con el doctor Turner creó un centro de salud mental con el ambiente propicio para la investigación en las ciencias de la conducta, así como para el desarrollo de programas innovadores.

Doctor Jim Davis, supervisor de pruebas, y honorable John W. Green, Jr., juez principal de la Corte Familiar de Madison County, quienes han aplicado los principios de la paternidad positiva en la prevención y el tratamiento de la delincuencia juvenil, a través de sus clases en el Behavioral Science Institute for Parents.

Bill Cohen, editor de The Haworth Press, por sus numerosos a la vez que valiosos comentarios y sugerencias relacionados con la preparación y la publicación de esta obra.

Anna Sasnette, quien pasó interminables horas mecanografiando el original y corrigiendo nuestros errores.

Tom Loughead, que con tanta destreza hizo las gráficas y figuras contenidas en el texto.

Mary Wise, quien una vez más demostró su creatividad en el diseño de cubiertas para libros.

Judy y Andrea Rinn, así como Marveen, Ronnie y Ricky Markle, quienes amorosamente toleraron nuestra preocupación mientras escribíamos este libro.

Prefacio

Cuando colegas que a la vez son nuestros amigos nos piden que escribamos un prefacio para su libro, es posible que se genere un problema: se puede estar en desacuerdo con el contenido, con la organización o con el estilo del manuscrito y, por tanto, es posible que uno se enfrente a la incómoda alternativa de manifestar las propias discrepancias en el prefacio, o bien, desistir del ofrecimiento de escribirlo. En el presente caso me encuentro muy a gusto. Los doctores Rinn y Markle establecen en su obra, desde un principio, que su propósito consistió en escribir un libro inteligible que permitiera a los padres aplicar, de manera exitosa, soluciones viables a problemas comunes en la educación de niños; y han obtenido buenos resultados.

Encuentro dos rasgos especialmente agradables en PATERNIDAD POSITIVA. Primero: la ausencia de notas de pie de página y citas de referencia. Según mi experiencia, la mayoría de los padres desean la información específica que necesitan para ser mejores; generalmente no se interesan por los detalles relativos a las primeras aportaciones de la investigación. En segundo lugar, los autores presentan de manera clara sus técnicas informativas acerca de la paternidad. Aún más: se incluye un método para evaluar el funcionamiento de las técnicas respecto de algún problema en particular. Los libros para orientar a los padres tienen la característica de ofrecer soluciones vagas a problemas todavía más ambiguos, con resultados nada claros; en este libro no se hace tal cosa.

La importancia de esta obra reside en que solamente dos grupos que prodigan cuidados a los niños tienen la suficiente talla para ayudarlos: los maestros y los padres. Estos últimos a menudo han sido señalados como los causantes de los problemas de los niños; sin embargo los padres buscan el consejo profesional, al pequeño frecuentemente se le deja a puerta cerrada mientras los padres reciben recomendaciones de otra persona. Esta obra sugiere no culpar, sino señalar caminos y medios para que los padres y sus hijos corrijan las conductas problemáticas de quienes comparten un medio.

En el presente libro hay un mensaje vital, a largo plazo, para lograr una paternidad efectiva: ¡descúbrase al niño haciendo algo bueno hoy!

Los autores no solamente ofrecen una orientación accesible para reducir o eliminar conductas indeseables, sino que presentan también sugerencias claras para establecer y mantener relaciones positivas padre-hijo.

Mi contacto personal con los doctores Rinn y Markle me permite afirmar que continúan investigando los efectos de su orientación y de las técnicas contenidas en este volumen. Con el tiempo, los lectores pueden esperar el perfeccionamiento y la actualización de los conocimientos que trasmiten los autores de manera tan nítida.

A. Jack Turner, Ph. D.
Huntsville-Madison County Mental Health Center

Índice de contenido

Prólogo	5
Agradecimientos	7
Prefacio	9

Cap. 1. Introducción a la paternidad positiva   13
   La conducta se aprende, 13. ¿Qué significa paternidad positiva?, 14. ¿Por qué emplear la paternidad positiva?, 15. Eliminación de conjeturas, 16. Repaso, 17.

Cap. 2. Cómo se especifica la conducta que debe modificarse   19
   Personalidad y clasificación, 19. Las conductas influyen en los sentimientos, 20. Especificación, 21. Repaso, 24.

Cap. 3. Cómo medir la conducta de los hijos   25
   Técnicas de medición, 26. Reglas para la medición, 27. Repaso, 35.

Cap. 4. Cómo identificar los estímulos   37
   Tipos de estímulos, 38. Técnicas para identificar estímulos, 40. Repaso, 41.

Cap. 5. Cómo ayudar a los hijos a modificar sus conductas: principios básicos   43
   Cómo estimular la conducta, 43. Proceda con lentitud, 49. Ayude a sus hijos para que deseen hacer cosas buenas, 50. Modele conductas, 52. Repaso, 53.

Cap. 6. Cómo ayudar a los hijos para que incrementen las conductas deseables   55
Implante un programa, 55. Aumente la duración de los estímulos, 61. Ayude a sus hijos para que lleguen a ser adultos felices, 62. Repaso, 63.

Cap. 7. Cómo ayudar a los hijos para que disminuyan las conductas indeseables   65
Cuatro maneras de extinguir una conducta inapropiada, 65. Repaso, 72.

Cap. 8. Cómo usar contratos con adolescentes   75
Ponga las cosas por escrito, 75. Prepare el ambiente para la contratación, 76. Emplee el contrato, 76. Contratos por varias conductas a la vez, 79. Lista de requisitos para contratos, 80. Repaso, 81.

Cap. 9. Cómo aplicar la paternidad positiva a ciertos problemas comunes   83
Conductas agresivas, 83. Conductas delictuosas, 86. Conductas alimentarias, 89. Hábitos, 92. Conductas de desobediencia, 93. Conductas escolares, 97. Entrenamiento para control de esfínteres, 100. Problemas relativos al dormir, 104. Conductas sociales, 105. Otros problemas, 108.

Cap. 10. Qué hacer cuando el programa fracasa   113
Causas frecuentes de la deficiencia de un programa, 113. Repaso, 117.

Cap. 11. Cómo modificar la conducta de los padres   119
Lo que deben hacer los padres, 119. Lo que no deben hacer los padres, 120. Modificación de la conducta de los padres, 121. Ejercicios de relajación, 122.

Cap. 12. Síntesis de paternidad positiva   125
Reglas de paternidad positiva, 125.

Índice analítico   127

Introducción a la paternidad positiva

Se ha dicho que la locura es hereditaria: ¡los padres la han adquirido de sus hijos! Hay padres que han sido llevados literalmente a la locura por sus propios hijos, aunque la mayoría lo que experimenta son sentimientos de dolor o incomodidad a causa del comportamiento de sus vástagos.

La paternidad constituye la profesión más exigente e importante del mundo; sin embargo, la mayoría de los padres no recibe entrenamiento formal para asumirla. A menudo, cuando las cosas andan mal con los hijos, los padres tienden a culparse a sí mismos y se sienten incapaces. No obstante, la investigación ha demostrado que los problemas de la paternidad no necesariamente son resultado de "malos" padres ni de "malos" hijos. Más que eso, tales problemas frecuentemente son producto de enfoques inadecuados que se dan a la educación de los niños. El propósito que nos movió a escribir esta obra consiste en proveer a los padres de un sistema de paternidad positivo, eficaz e inteligible.

LA CONDUCTA SE APRENDE

Juanito es un chico de cuatro años de edad, gracioso y de abundante cabellera, cuyo comportamiento no concuerda con su buena apariencia. Sus padres lo describen como "el infierno sobre ruedas". Él se rehúsa terminantemente a obedecer las indicaciones de ellos y es muy dado a hacer violentas rabietas: grita y se arroja al suelo siempre que sus padres lo castigan por su desobediencia. Al principio éstos trataron de persuadirlo; cuando tal intento no dio resultado se propusieron razonar junto con él, pero Juanito seguía con sus rabietas.

María es una niña de nueve años de edad a quien sus padres describen como una hija "normal", "una bendición". Asiste a la escuela con entusiasmo y cumple con su tarea sin que se le pida. Aunque no es particularmente bonita, es muy popular entre sus compañeros de clase. Los maestros afirman que es una alumna competente y una niña feliz. Sus padres a menudo la alaban y a ellos les resulta muy difícil señalar problemas que hayan tenido con María.

Sandra tiene quince años y durante el último de ellos fue arrestada tres veces por robar en tiendas. Ha sido descrita por sus padres como una persona "carente de respeto hacia la autoridad". Sandra dice que no le gusta su familia porque "todos se quejan de mí, y mi *jefe* constantemente está vigilándome, viendo lo que hago". El mes pasado huyó de su casa y el oficial que vigila su libertad condicional la sometió a arresto domiciliario.

Estos tres chicos tienen algo en común: han aprendido a ser tal como son. Han sido enseñados, por sus padres y otras personas, a comportarse de la manera en que lo hacen, independientemente de que ésta sea apropiada o no. Por supuesto, los padres de Juanito y de Sandra no *planearon* las conductas problema. Los padres no esperan de sus hijos rabietas ni hurtos en tiendas. Sin embargo, las familias a menudo enseñan conductas indeseables de manera accidental. Este libro fue escrito para ayudar a los padres a eliminar algunas de sus incertidumbres acerca de la educación de niños, a evitar accidentes.

¿QUÉ SIGNIFICA PATERNIDAD POSITIVA?

El método *paternidad positiva* es resultado de quince años de rigurosa investigación científica encabezada por muchos de los más famosos psicólogos y expertos en cuestiones familiares. Constituye un programa que toma los principios descubiertos a lo largo de tal investigación y los emplea para ayudar a los padres a criar hijos más felices y psicológicamente más sanos.

La presente obra ha sido concebida como un manual, de tal manera que hemos tratado de ser tan específicos como sea posible al describir las técnicas, las cuales las presentamos como secuencias. Incluimos una relación de principios generales, junto con muchos ejemplos prácticos de cómo pueden aplicarse a fin de ayudar a niños y adolescentes a desarrollar una personalidad saludable.

Justamente, *paternidad positiva* es lo que su nombre implica, es decir, un método para proporcionar de manera positiva una directriz esencial y una disciplina. Muchos padres creen que para formar hijos felices y normales debe emplearse una considerable dosis de castigo. Otros piensan que ser buenos padres significa permitir que los hijos hagan lo que deseen. La investigación ha demostrado que ambos enfoques pueden acarrear serios daños a los hijos. La paternidad positiva constituye una opción eficaz.

¿POR QUÉ EMPLEAR LA PATERNIDAD POSITIVA?

1. Se disfruta. Casi todos están de acuerdo en que ciertamente es más grato ser positivo que ser negativo. El hogar en el cual la gente se alienta entre sí más de lo que se recrimina, es un hogar feliz. Los padres que emplean este enfoque experimentan un alto grado de placer y de complacencia cuando observan a sus hijos aprender mientras ellos les enseñan de manera determinante y positiva.

2. Funciona. Respecto del abundante material de investigación de que se dispone acerca de la educación de los niños, ningún método ha demostrado mayor eficacia que el de la paternidad positiva. Es eficaz no sólo porque enseña a los niños conductas necesarias para una vida de realización, sino también porque no provoca ninguno de los efectos indeseables que pueden generar otros métodos.

3. Los padres realizan el mejor trabajo. Muchos enfoques para enfrentarse a los niños suponen que las conductas problema sólo pueden ser controladas por los psicólogos infantiles o por los psiquiatras. La investigación ha demostrado que, con cierto entrenamiento, la mayoría de los padres puede ayudar a sus hijos de manera eficaz para que aprendan y sustituyan conductas inapropiadas, por otras que no lo sean. Por supuesto, los problemas conductuales extremos requieren el auxilio de personal experimentado.

4. Libera al hogar de tensiones. Además de resolver problemas específicos, la paternidad positiva ayuda a crear en el hogar una atmósfera libre de hostilidades, pleitos y tensiones. Ello, por supuesto, beneficia a toda la familia. Además de los beneficios inmediatos, un hogar libre de tensiones produce una infancia feliz y, posteriormente, una vida de adulto orientada hacia la familia.

5. Incrementa la autoestima en los niños. La mayoría de los expertos está de acuerdo en la importancia que la autoestimación tiene para la salud mental. Cuando se enseña a los niños a sustituir conductas inadecuadas por algunas que resultan propias, se hace que las respuestas de otras personas se vuelvan más positivas. Esta retroalimentación es la que permite crear un nivel saludable de autoestima.

ELIMINACIÓN DE CONJETURAS

Un enfoque sistemático y efectivo que implique cualquier esfuerzo debe estar libre de cualquier conjetura e incertidumbre. No hay situación en la cual este aspecto cobre mayor importancia que en la educación de los hijos. Un atributo único y esencial de la paternidad positiva radica en el empleo de la medición para determinar si la técnica que se está aplicando realmente funciona. Es importante medir la conducta antes de que se trate de ayudar al niño a modificarla, así como después de haber realizado el intento con una técnica en particular; ello obedece a que si se ha tenido éxito, podrá saberse; y si no lo ha habido, también se sabrá. Las mediciones que se obtengan nos dirán cuándo deberá optarse por una técnica diferente. No hay conjetura en la paternidad positiva.

Antes de discutir diversos enfoques de paternidad positiva para ayudar a los hijos a cambiar sus conductas (capítulos 5 a 10), explicaremos cómo se especifica el tipo de comportamiento que deberá modificarse (capítulo 2), cómo determinar qué tan a menudo ocurre éste (capítulo 3), y cómo se identifican los estímulos para la modificación de las conductas especificadas (capítulo 4). La mayoría de los capítulos incluyen preguntas de repaso, y algunos de ellos contienen "tareas". Recomendamos ampliamente que el lector resuelva tales preguntas y complete los asertos. El dominio de la paternidad positiva se alcanzará mediante la práctica; por tanto, realícense las tareas ahora, a fin de poder disfrutar los beneficios más adelante.

REPASO

Preguntas

1. Los autores de este volumen suponen que la conducta es en principio.

   a) aprendida o *b*) heredada.

2. El método de paternidad positiva se basa fundamentalmente en la teoría.

   ¿Verdadero o falso?

3. La medición es parte importante de la paternidad positiva.

   ¿Verdadero o falso?

Respuestas

1. *a*).
2. Falso.
3. Verdadero.

Cómo se especifica la conducta que debe modificarse

Cuando se ayuda a los hijos a modificar su conducta, el primer paso consiste en especificar la conducta por modificar. Tal especificación se refiere a una descripción clara de lo que los chicos hacen, no a una descripción de sus personalidades.

Las descripciones de la personalidad son demasiado vagas y generales para ser empleadas al ayudar a los niños a cambiar. Algunos ejemplos de descripciones de personalidad son: "perezoso", "diligente", "hostil", "buen estudiante", "insolente" y "agresivo".

PERSONALIDAD Y CLASIFICACIÓN

Cuando los padres discuten acerca de sus hijos con otras personas, a menudo lo hacen en términos de personalidad más que de conducta. Si los padres de Tomás lo clasifican como "hostil", pueden estar refiriéndose al hecho de que éste riñe con su hermano menor a causa de los juguetes; sin embargo, alguien que escuche puede interpretar el término "hostil" en el sentido de que Tomás habla a espaldas de sus padres, pelea en la escuela y destruye objetos en el hogar. Un problema todavía más serio se presenta cuando los padres emplean la clasificación frente a Tomás; ello puede provocar que él mismo se vea como "hostil", lo cual fomentará una conducta acorde con tal clasificación. Por tanto, las descripciones de la personalidad, o clasificaciones, pueden contribuir a generar conductas que después resulten objetables.

Los profesionales de la salud mental, incluyendo a psicólogos, psiquiatras y trabajadores sociales, a menudo nos han inculcado la idea de que la clasificación de los niños en "hiperactivos", "retrasados" o "emocionalmente perturbados" es necesaria y útil para conducir programas encaminados a provocar modificaciones. Además de generar conductas indeseables, las clasificaciones nos proporcionan muy poca información concreta. Por ejemplo, dos niños "hiperactivos" por lo general presentan más diferencias que similitudes en sus conductas. Pero aún debemos responder la siguiente pregunta: "¿qué hace el niño?" Por tanto, es esencial especificar las conductas precisas que deseamos modificar. Ningún niño es completamente "malo"; es decir, no hay uno solo que todo el tiempo manifieste conductas específicas inaceptables. Ciertamente, es de gran importancia para el niño el que se especifiquen sus conductas problema, más que la asignación de clasificaciones negativas tales como "insolente", lo cual implica que el chico es malo siempre.

Por tanto, el especificar conductas, antes que clasificar a los niños de acuerdo con atributos de la personalidad, es una habilidad importante para los padres. La clasificación no ayuda a resolver problemas relacionados con la obtención de medidas de éxito. Además, el señalar conductas con toda precisión contribuye al desarrollo de programas específicos y eficaces para ayudar a los chicos a modificar su comportamiento.

LAS CONDUCTAS INFLUYEN EN LOS SENTIMIENTOS

Debido al énfasis que hemos puesto en la conducta, algunos se preguntarán si estamos interesados en los sentimientos y emociones de los niños. ¡Por supuesto que lo estamos! El hincapié en la conducta no significa que los sentimientos carezcan de importancia; sólo quiere decir que los métodos más eficaces para ayudar a desarrollar y formar chicos adaptados y felices consisten en poner especial atención en sus conductas. La felicidad, una sólida imagen de sí mismo, los buenos sentimientos hacia los padres y la adaptación normal son producto de *conductas* competentes, las cuales se adquieren cuando son enseñadas por padres competentes. Los buenos sentimientos hacia uno mismo pueden desarrollarse con facilidad en niños que aprenden a ser competentes en los planos social, académico y familiar. Simplemente, la conducta del niño es la que, en principio, determina sus sentimientos, actitudes y pensamientos. La modificación de la conducta provoca un cambio en los sentimientos y en las actitudes.

Si el cambio en las actitudes o en los sentimientos modificara las conductas, muy pocas personas podrían fumar o comer en exceso. ¿Acaso no "sabemos" o "sentimos" que fumar y comer en exceso es malo para nuestra salud? La mayoría de los fumadores y de las personas obesas podría decirnos qué tan desagradable resulta fumar y comer en exceso, tal como lo hacen respectivamente. Esta gente, por supuesto, tiene actitudes apropiadas, pero conductas que no lo son.

A nosotros mismos nos preocupa el aspecto de la conducta, porque la competencia en el comportamiento determina cómo se sienten los chicos respecto de sí mismos y de otros. El niño competente se siente a gusto consigo mismo, recibe halagos de los demás y, como resultado, es feliz.

ESPECIFICACIÓN

En la especificación de conductas deberán seguirse las tres siguientes reglas sencillas:

Regla 1. Las conductas especificadas requerirán cierta interpretación por parte del padre.
Regla 2. Las conductas especificadas deberán poder explicarse con facilidad a otros observadores.
Regla 3. Las conductas especificadas deberán ser mensurables.

Supongamos que una madre se queja de la "hostilidad" de su hijo. Ella describe a Jaime y se refiere a "sus malas actitudes respecto de la escuela", a "su pobre concepto de sí mismo" y a "su falta de respeto hacia los demás". A pesar de que estos aspectos realmente son motivo de preocupación, las conductas particulares no han sido especificadas. La frase "malas actitudes respecto de la escuela" requiere una interpretación, y no se explica claramente su significado. Imagine la cantidad de maneras en que un chico puede exhibir "malas actitudes". ¿Lo que quiere decir esta madre es que Jaime no va a clase, que se queja de sus maestros o que le pega a otros chicos? Si partimos de tal descripción, lo único que nos queda es adivinar.

Además, tal frase no describe una conducta mensurable. Uno se vería constreñido a determinar cuántas "malas actitudes respecto de la escuela" manifiesta un niño en cierto día. En realidad —ello suena divertido, y así debería serlo— esto no es correcto.

Problemas semejantes pueden generarse con las frases "pobre concepto de sí mismo" y "falta de respeto hacia los demás".

La madre de Jaime debería haber especificado conductas tales como: *a*) *se queja de su maestro de historia* (en vez de "malas actitudes respecto de la escuela"); *b*) *se llama maniquí a sí mismo* (en vez de "pobre concepto de sí mismo"), y *c*) *le pega a su hermana* (en vez de "falta de respeto hacia los demás"). Cada una de estas conductas se especifica y se apega a las tres reglas de especificación. Recuerde que las conductas especificadas requieren cierta interpretación por parte del padre, y que deben ser, a la vez fáciles de explicar a otras personas y mensurables. La paternidad positiva implica describir conductas especificadas y **no** atributos de la personalidad.

A fin de mostrar con mayor claridad las diferencias que existen entre los atributos de la personalidad y las conductas especificadas, a continuación se presenta una lista de atributos de la personalidad comúnmente empleados por los padres. A cada uno de ellos le siguen varias posibles conductas especificadas para cada atributo.

Atributos de la personalidad (incorrecto)	**Conductas especificadas (correcto)**
Hostil	No sonríe. Le dice a los demás que está enojado.
Buen estudiante	Hace su tarea diariamente. Sigue las instrucciones de su maestro en menos de 30 segundos.
Hiperactivo	No fija la atención en su libro más de 10 segundos. Se aparta de su asiento.
Agresivo	Les pega, muerde, patea y escupe a otros chicos. Arroja piedras a los automóviles.

Tiene un problema conductual	No obedece las indicaciones de sus padres sino hasta que transcurren 50 segundos. Se orina en la cama. Les dice a sus padres: "Los detesto".
Tiene arranques de ira	Patalea en el piso, grita y arroja objetos.
Tiene una actitud negativa	Se queja de que no le gustan sus obligaciones. Falla en sus deberes religiosos. No hace su tarea.
Amoroso	Les dice a sus padres que los adora. Abraza a su padre cuando éste llega a casa. Da las gracias cuando mamá le lava su camisa favorita.
Deprimido	Dice: "Estoy deprimido". Duerme todo el día.
Malhablado	Dice: "¡Maldita sea!" y "¡Demonios!"

Finalmente, las conductas deben especificarse en los términos más positivos que sea posible; por ejemplo, en vez de fijarse en el número de días durante los cuales el chico se orina en la cama, los padres deberían determinar cuidadosamente la cantidad de días que ésta permanece seca; en vez de atender al número de días que no asiste a la escuela, los padres deberán determinar cuántos días sí lo hace. Lo mejor es especificar las conductas en términos positivos, puesto que ello contribuye a crear una atmósfera positiva en el hogar, lo cual constituye una de las metas más importantes de la paternidad positiva.

REPASO

Preguntas

1. La frase "No demuestra respeto hacia sus padres" es una conducta especificada.

   ¿Verdadero o falso?

2. La expresión "Toca la guitarra" es una conducta especificada.

   ¿Verdadero o falso?

3. Las conductas especificadas son mensurables.

   ¿Verdadero o falso?

4. La conducta de los niños influye en el concepto que tienen de sí mismos.

   ¿Verdadero o falso?

Respuestas

1. Falso., 2. Verdadero., 3. Verdadero., 4. Verdadero.

Tarea

1. Especifique tres conductas de su hijo que considere positivas o deseables.

   a) _____

   b) _____

   c) _____

2. Especifique tres conductas de su hijo que desearía ayudarle a modificar.

   a) _____

   b) _____

   c) _____

(Tenga presentes las tres reglas para especificación de conductas).

Cómo medir la conducta de los hijos

Medir la conducta constituye una parte inseparable dentro de las técnicas de la paternidad positiva y sirve para ayudar a los padres a realizar una evaluación exacta del adelanto de sus hijos, cuando se realiza un programa para auxiliarlos a modificar sus conductas. Nuestra percepción de la conducta de los demás está influida por nuestros propios temores y sentimientos, lo cual da como resultado estimaciones inexactas del progreso. Por el contrario, una buena medición da como resultado una retroalimentación precisa, además de que hace que la evaluación del progreso resulte mucho más objetiva.

De igual modo, muchos son los padres de familia que señalan que es mucho más gratificante constatar el adelanto de los hijos en algún documento, y que este sentimiento contribuye a proveerlos de una constante motivación a fin de mantener el enfoque positivo con sus hijos. Por último, la medición crea una atmósfera en la cual las personas están más de acuerdo con su propia conducta, así como con la de los demás. Esto nos ayuda a eliminar algunos de nuestros malos hábitos y sienta las bases para los cambios positivos.

En la paternidad positiva la medición es importante antes, durante y después de cualquier intento de modificar la conducta del niño. Las mediciones que se efectúan antes de algún intento de modificar tal conducta se denominan mediciones de *líneas base*. Aquellas que se realizan mientras se aplica la técnica se denominan evaluación *del programa* (forma abreviada de la expresión "de un programa que intenta el cambio"). Las mediciones que se efectúan después de que el método ha sido interrumpido se denominan mediciones *subsiguientes*. En todos los casos las mediciones de línea base sirven de referencia para las evaluaciones del programa y las mediciones subsiguientes. Si la conducta se modifica en la dirección deseada, es decir, de la medición de línea base hacia la evaluación del programa, se dice que el programa funciona. Si la conducta se modifica en la dirección propuesta a partir de la medición de línea base, hacia la medición subsiguiente, entonces se afirma que el programa tiene éxito.

El siguiente ejemplo ilustra cómo funciona tal procedimiento. Anita se orinaba en la cama antes de que sus padres intentaran recurrir a un programa sistemático para tratar de cambiar tal situación. La medición de línea base de la etapa inicial era de seis veces por semana; los padres empezaron entonces a aplicar un programa para disminuir las ocasiones que Anita humedecía la cama. La alabaron cada vez que por la mañana la cama amanecía seca y no emitían comentario alguno cuando ésta estaba mojada. Durante la siguiente semana Anita únicamente mojó la cama dos veces (evaluación del programa); esto sugiere que el programa estaba funcionando. A la próxima semana Anita no mojó la cama ninguna noche; la evaluación del programa en el caso de la cama mojada fue entonces de cero veces por semana. Un mes más tarde los padres midieron nuevamente el número de ocasiones en que amanecía mojada la cama, y encontraron una medición subsiguiente de cero veces por semana; es decir; el programa había tenido éxito.

TÉCNICAS DE MEDICIÓN

La medición de la conducta consta de tres pasos simples, los cuales responden las siguientes preguntas: *a*) ¿cuál?, *b*) ¿cuánto? y *c*) ¿qué tan a menudo ocurre y qué tanto dura? Cuando se efectúe la medición, verifíquese que se haya especificado la conducta de acuerdo con las tres reglas descritas en el capítulo 2. Si se ha especificado de manera correcta, se habrá respondido ya a la pregunta "¿cuál?"

La pregunta "¿cuándo?" también es fácil de responder. Decida si se desea efectuar la medición por hora, día, semana o mes. Como regla empírica, se acepta que las unidades de tiempo más pequeñas que se requieren estén constituidas por el máximo número de veces por día que el chico manifiesta conducta indeseable. Si la conducta ocurre muchas veces por semana, mídase diariamente en vez de hacerlo por semanas.

Si ocurre muchas veces al día, efectúese la medición cada hora en vez de hacerlo por días. Por ejemplo, si un niño manifestara tartamudeo mil veces al día, se podría recomendar a sus padres que escojan una hora en particular del día y midan únicamente durante ella. Ello resultará suficiente para la medición y evitará trabajo excesivo a quien mida (el padre).

La pregunta "¿qué tan a menudo ocurre?" (o "¿qué tanto dura?") es igualmente fácil de responder. Si se desea medir qué tan a menudo ocurre o deja de ocurrir una conducta, todo lo que se requiere es determinar el número de veces que la conducta se observa en cierto periodo.

Por ejemplo, un padre puede decidir efectuar la medición del número de veces por hora que sonríe su hija; del número de ocasiones por mes que su hija va a la escuela, o del número de veces por día que ésta le pega a su hermana. Otro padre podría decidir efectuar la medición de qué tanto dura una conducta. Para ello requerirá de un reloj y deberá tomar nota del número de segundos, minutos u horas que se manifiesta una conducta en determinada situación específica. Por ejemplo, un padre puede desear saber cuánto tarda su hijo en acabarse su comida al mediodía; cuánto le lleva a su hija tomar una ducha por la mañana, o bien, despúes de cuanto tiempo de encomendarle una tarea a su hijo, éste la inicia.

Insistimos en la importancia de que los padres respondan a las tres preguntas: "¿cuál?", "¿cuándo?" y "¿qué tan a menudo ocurre o qué tanto dura?" antes de comenzar a medir la conducta del niño. Unas buenas técnicas de medición serán el resultado de apegarse a las reglas básicas para efectuar las medidas.

REGLAS PARA LA MEDICIÓN

Después de haber contestado las tres preguntas fundamentales para la medición, el lector estará preparado para llenar de manera conveniente los espacios en las siguientes expresiones:

Regla 4. Una conducta es mensurable si se puede establecer de alguna de las siguientes maneras:

a) Número de veces por _____ (unidad de tiempo que se desee emplear: hora, día, semana o mes) que _____ (nombre del chico)

(conducta especificada que se escoja para modificar, tal como "le pega a su hermana", "llega de la escuela después de las 4:00 p.m.", etc.).

b) Número de _____ (unidad de tiempo que se quiera emplear: segundos, minutos u horas) que _____ (nombre del chico) _____ (conducta especificada que se elija; por ejemplo: "come su cena", "empieza su tarea hasta que se le pide", etc.).

He aquí algunos ejemplos de conductas mensurables de acuerdo con la regla 4:

A. Número de veces por semana que Juan termina su tarea (regla 4a).
B. Número de veces por hora que Julia se queja respecto de su escuela (regla 4a).
C. Número de minutos que toma Anita cada vez que se le pide que concluya una llamada telefónica (regla 4b).
D. Número de minutos que le lleva a Juan empezar a cepillarse los dientes a partir del momento en que sus padres le piden que lo haga (regla 4b).

Ahora que se ha aprendido la manera propia de realizar la medición de la conducta, el próximo paso consiste en medir el comportamiento tal como éste se presenta. Esto debe hacerse antes de intentar ayudar a los chicos a modificar su conducta.

Regla 5. Obtenga una medición de línea base antes de iniciar un programa que pretenda el cambio.

Cerciórese de no intentar modificación alguna en la manera de interactuar con su hijo mientras se recopilan medidas de línea base. Esto permitirá medir la manera en que el chico responde antes de comenzar el programa, y hará posible juzgar con exactitud, durante el programa y en las etapas subsiguientes, si la ayuda prestada al niño para que cambie ha sido exitosa.

Otra pregunta importante relacionada con la medición de línea base es la siguiente: "¿qué tanto debe durar la fase de línea base?" Ello depende del hecho de que la conducta de que se trate ocurra muchas veces al día o sólo unas cuantas al mes o a la semana. Para conductas que se presentan una o dos veces al día, es recomendable una fase de medición de línea base de un mes; para conductas más frecuentes, una línea base de tres días resultará suficiente.

Una vez que la medición de líneas base se haya obtenido, se requerirá organizar la información de manera práctica a fin de que con sólo un vistazo pueda decirse si el programa está teniendo éxito o no. La manera más práctica de hacer tal cosa consiste en emplear cuadros o gráficas. En virtud de que mucha gente no ha tenido experiencia previa en el manejo de gráficas, se presenta una serie de instrucciones para esa finalidad. Por supuesto, parte del material que a continuación se ofrece le puede parecer elemental a quienes ya tienen experiencia en la construcción de gráficas.

Regla 6. Después de obtener una línea base, elabore un cuadro o una gráfica.

Existen muy diversos tipos de cuadros. Un método popular consiste en colgar un calendario en la puerta de la habitación del niño. Se pueden dibujar "caras sonrientes" cada día que la conducta resulte apropiada (por ejemplo: "cama seca", "no ha peleado con su hermana", etc.). A continuación se ofrece un ejemplo de tal calendario:

En este cuadro el chico resultó bueno (su cama permaneció seca) los días 14, 16, 21 y 22; las **X** indican que el niño se orinó en la cama los días 15 y 23.

Otro tipo similar de cuadro se muestra en seguida. Fue diseñado para medir qué tan a menudo fueron realizados los quehaceres del hogar.

Quehacer	L	M	M	J	V	S	D
Recoger la hojarasca		*		*	*	*		*
Lavar platos				*	*		
Arreglar la cama antes de las 7:30 a.m.	*					*	
Irse a la cama antes de las 7:00 p.m.	*					*	

Los asteriscos indican los días en que los quehaceres fueron realizados tal como lo requirieron los padres. Los cuadros son más populares entre los pequeños que cursan los niveles elementales en la escuela (aproximadamente entre los 11 y 12 años de edad). Los niños más grandes prefieren que sus padres empleen gráficas para registrar los adelantos.

Las gráficas a menudo resultan confusas y complicadas para los padres, pero son tan fáciles de manejar como los cuadros. Los tipos de gráficas que proponemos son fáciles de construir y de entender.

Primero. Dibuje dos líneas como se muestra a continuación:

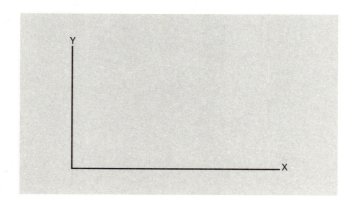

Segundo. Ubique la conducta mensurable en la forma correcta (reglas 4a o 4b), a lo largo de la línea Y:

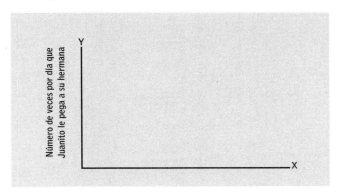

Tercero. Decida qué tipo de unidades se emplearán a lo largo de la línea Y. Ello se determina mediante la medición de línea base, y por medio del resultado deseado o esperado durante el programa y las etapas subsiguientes. Si la medición de línea base es muy alta (por ejemplo 15 veces por día en este caso) y la medición del resultado deseado resulta baja, entonces podría desear dividir la línea Y en 15 secciones, como se muestra a continuación. Podrían agregarse algunas divisiones por encima de la línea base, en previsión de que se presente un mal día.

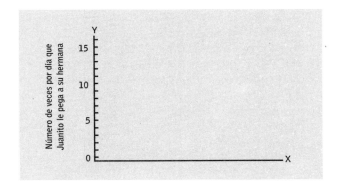

Cuarto. A lo largo de la línea X, ubique las unidades de tiempo (días, horas) que elija para las mediciones, siguiendo la regla 4a, o el número de veces que surge la situación por medir, de acuerdo con la regla 4b. Determine las unidades como se indica a continuación:

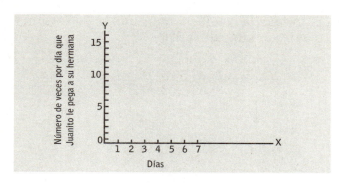

O bien:

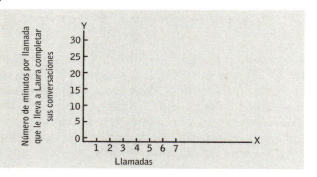

Quinto. Coloque en la gráfica los números que hayan sido recopilados. Supongamos, por ejemplo, que mediante la regla 4a se ha determinado que Juanito le pega a su hermana 15 veces el primer día, 13 veces el segundo y 14 veces el tercero. Todo lo que se requiere para ubicar los datos del primer día en la gráfica consiste en localizar el 1 en la línea X y el 15 en la línea Y. Dibuje un punto donde coincidan los dos números, tal como se indica en la siguiente figura:

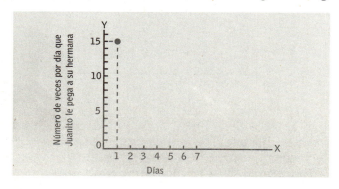

Complete la gráfica como se muestra y una los puntos.

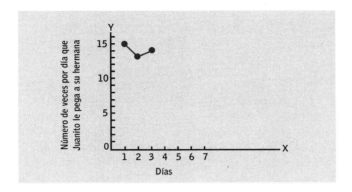

Y eso es todo; ya la hemos construido. El lector puede consultar toda la información que requiere con sólo echar un vistazo. Las unidades colocadas sobre la línea Y deben ampliarse a fin de dar mejor presentación a la gráfica y que de hacer más fácil su comprensión. Como puede observarse en seguida, en una gráfica incorrecta resulta difícil visualizar a simple vista exactamente cuántas veces ha ocurrido la conducta en cierto día. En la gráfica correcta no existe este problema.

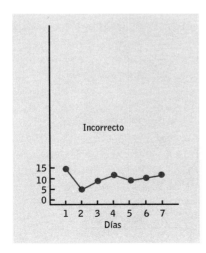
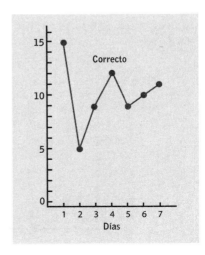

34 CAP. 3. CÓMO MEDIR LA CONDUCTA DE LOS HIJOS

Otra manera de construir gráficas consiste en emplear mayor espacio para las unidades de tiempo cuando el niño responde con menor frecuencia. Por ejemplo, en casos como el de orinarse en la cama o el de llegar a casa antes de la hora convenida, en los cuales es de esperarse que la conducta no ocurra más de una vez al día, resultará mejor graficar por semanas que por días.

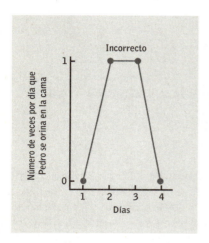
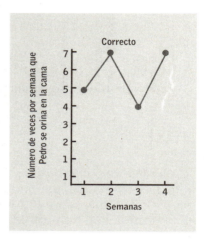

Regla 7. Continúe recopilando y registrando (en una gráfica o un cuadro) mediciones durante el programa y en las fases ulteriores.

A continuación se presenta una gráfica completa de un programa exitoso:

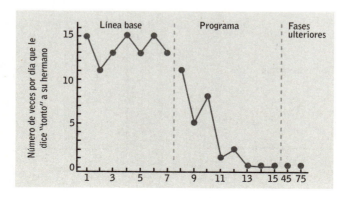

Observe que los padres mantuvieron una misma medición de línea base del día 1 al día 7; después iniciaron un programa que realizaron del día 8 al día 15. Finalmente obtuvieron mediciones subsiguientes del día 45 al 75.

Cuando mida las respuestas de un niño, siga las cuatro reglas expuestas en este capítulo:

1. Determine la conducta de manera apropiada (reglas 4*a* o 4*b*).
2. Obtenga una medición de línea base (regla 5).
3. Construya una gráfica o un cuadro (regla 6).
4. Mida la conducta del niño durante las tres fases: línea base, realización del programa y etapa subsiguiente (regla 7).

REPASO

Preguntas

1. "El número de veces por semana que Andrea se va a la cama antes de las 8:00 p.m." constituye una forma correcta de medición, de acuerdo con la regla 4*a*.

   ¿Verdadero o falso?

2. En realidad, la medición no es muy importante cuando se intenta ayudar a un niño para que modifique su conducta.

   ¿Verdadero o falso?

3. Los niños mayores generalmente disfrutan cuando sus padres colocan cuadros con "caras sonrientes" en la puerta de su habitación.

   ¿Verdadero o falso?

4. La medición abarca las preguntas "¿cuál?", "¿cuándo?" y "¿qué tan a menudo ocurre?" o "¿qué tanto dura?"

   ¿Verdadero o falso?

Respuestas

1. Verdadero.
2. Falso.
3. Falso.
4. Verdadero.

Tarea

1. Mida la línea base de una conducta deseable (véase la relación del capítulo 2) manifestada por algún hijo o una hija y construya un cuadro o una gráfica.

2. Mida la línea base de una conducta (véase la relación del capítulo 2) de algún hijo, que le gustaría ayudarle a modificar.

Cómo identificar los estímulos

Ahora que el lector posee la habilidad de especificar y medir, debe resultarle muy fácil ayudar a su hijo a cambiar. Ya se ha aprendido a especificar la conducta precisa que se desea ayudar al chico a modificar. Entonces, con base en las mediciones, el padre puede establecer algunas metas de la modificación que se pretende. Esencialmente, lo que se ha hecho es trazar un "mapa" de la conducta del niño, el cual nos permite saber dónde estamos y hacia dónde nos dirigimos. En este capítulo aprenderemos los métodos para identificar aquellas cosas que pueden ser empleadas como estímulos* para los niños.

Uno de los comentarios que con mayor frecuencia escuchamos de los padres es: "Él es diferente; no es como su hermano." Hemos descubierto que tales afirmaciones obedecen a veces al hecho de que un niño no responde ante ciertos estímulos que resultaron eficaces con otro chico.

Sin embargo, aun cuando resulte eficaz un estímulo en algún caso, ello no significa que deba ser igualmente eficaz en otra persona. Por ejemplo, un padre tiene dos hijas, de 13 y 15 años de edad; esta última asiste con regularidad a la escuela y habitualmente recibe halagos por su dedicación y las altas calificaciones que obtiene. Aunque la chica de 13 años fue una estudiante modelo hasta hace un año, habiendo sido elogiada por sus padres, ahora ha empezado a faltar a clases y sus calificaciones han descendido notablemente. Este ejemplo prueba el nuevo adagio: "Diferentes artimañas para distintos contrincantes." En otras palabras, la cuestión de los estímulos es algo individual; lo que resulta estimulante para alguien puede no serlo para su hijo. En este capítulo descri-

---

* El término *estímulo (motivador)* se emplea en toda la obra como sinónimo de incentivo: lo que incita o mueve a una cosa. (*N. del T.*)

biremos primero los diversos tipos de estímulos para motivar a los niños; por tanto, mostraremos las distintas maneras de identificar los estímulos que resultarán eficaces para ayudar de manera efectiva a los chicos.

TIPOS DE ESTÍMULOS

Los estímulos pueden dividirse de manera conveniente en tres categorías principales: estímulos interpersonales, estímulos que consisten en actividades y estímulos materiales. Los estímulos interpersonales son, con mucho, los más populares entre los padres e incluyen los halagos y las manifestaciones de placer provocados por la conducta de alguien. En seguida se enumeran diversos estímulos interpersonales:

1. Decir: "Estoy realmente orgulloso de que hagas tu tarea sin hablar".
2. Manifestar: "Eres muy cortés, y ello me agrada".
3. Expresar: "Me he fijado en la manera como conduces el automóvil; eres un conductor maduro".
4. Decir: "Te quiero".
5. Abrazar al niño con delicadeza o darle palmadas en la espalda.
6. Sonreír.
7. Decir: "¡Bien por ti! No mojaste la cama hoy".
8. Expresar: "A papá y a mí nos encantó cómo tocaste el piano en el recital".

Éstos son tan sólo algunos ejemplos; seguramente el lector entenderá de lo que se trata.

Probablemente el lector haya advertido que todos los ejemplos proporcionados son positivos. Ello obedece a que no recomendamos emplear estímulos negativos. Estímulos tales como "Eres un mal niño" pueden causar serios problemas. Esto se tratará más a fondo en el capítulo 5; aquí debemos ocuparnos de un aspecto más importante. Nuestra finalidad consiste en ayudar a incrementar la eficiencia de los padres para que puedan ser *positivamente* estimulantes. A menudo los padres negativamente motivantes se convierten, de manera accidental, en gente a la que se evita, se desprecia o (lo peor de todo) a la que no se le escucha y se le ignora.

Los estímulos que consisten en actividades son los que siguen a los ya citados, de acuerdo con la frecuencia de su empleo. ¿Recuerda el lector a mamá pidiéndole que arreglara la cama antes de salir a jugar? El estímulo era "salir a jugar". Las actividades presentan una gran variedad; a continuación se ofrecen algunos ejemplos de ellas:

1. Ir al cine.
2. Divertirse con el juguete favorito.
3. Ir con papá a su oficina.
4. Tocar un instrumento musical.
5. Ir al parque con mamá.
6. Coleccionar estampillas.
7. Dormir en casa de un amiguito.
8. Jugar futbol.
9. Ver la televisión (algo de lo que más les gusta a los niños).

Los estímulos que consisten en actividades tienen las características de ser fácilmente identificables y universalmente accesibles. En virtud de que, por lo general, no cuestan, pueden ser empleados por cualquiera. Por ejemplo, hemos trabajado con padres a quienes ha dado magníficos resultados permitir que sus hijos "pelearan" con una almohada.

Los estímulos materiales están presentes a lo largo de toda nuestra vida. El sueldo que el lector recibe en su trabajo constituye un ejemplo de estímulo material. Sin importar qué tanto se disfruta un trabajo, a nadie le gustaría seguir trabajando sin que se le pagara. He aquí algunos ejemplos de estímulos materiales más frecuentemente usados con los chicos:

1. Conceder un deseo semanalmente.
2. Una pelota de futbol nueva.
3. Una bicicleta.
4. Una habitación exclusiva para el niño.
5. Un cachorrito u otra mascota.
6. Un postre o un bocadillo después de clases.
7. Un reproductor de discos.
8. Una muñeca.

Con frecuencia suele asociarse la palabra "soborno" al empleo de estímulos materiales; ello no solamente resulta desafortunado sino también incorrecto en la mayoría de los casos. De acuerdo con la acepción más común de la palabra *soborno*, ésta se relaciona con la corrupción en el sector oficial, que implica el pago para la obtención de favores, etc. El hecho de estimular a un niño para disminuir las ocasiones en que se orina en la cama o para que aumente el número de veces que completa sus tareas, en realidad dista mucho de lo que es la corrupción en el medio oficial. Asimismo, el término soborno tiene la connotación de pago para lograr determinada conducta de alguien; esto seguramente no puede ser visto de mala manera, a menos que se piense que recibir un salario también tiene algo de malo. En resumen, la palabra "soborno" casi nunca resulta apropiada para describir el empleo de estímulos materiales.

Un aspecto importante que ya ha sido tratado requiere que se le mencione de nuevo ahora: entre diferentes niños cada uno responde a su manera a los mismos estímulos. El simple hecho de que un niño (o una niña) no responda tal como se espera ante el ofrecimiento de un nuevo balón (o de una nueva muñeca) no significa que el chico sea malo o excepcional. Tal vez se haya elegido un estímulo en potencia que no resultó efectivo. Como podremos advertir más adelante, la solución al problema del estímulo ineficaz consiste en elegir otro. No hay que aferrarse a un estímulo o a un tipo de estímulo; debemos estar preparados para probar diversos estímulos antes de encontrar uno bueno.

TÉCNICAS PARA IDENTIFICAR ESTÍMULOS

La primera técnica para descubrir los estímulos que funcionan con los niños surge del principio de que la conducta que ocurre con mayor frecuencia puede emplearse para estimular aquella que se presenta menos frecuentemente. Este principio puede usarse para identificar estímulos.

Regla 8. Todo cuanto haga el niño en sus ratos libres puede emplearse como estímulo.

La mayoría de los padres aplican este método con naturalidad. Recordemos a mamá cuando nos decía que podríamos salir a jugar después de acabar nuestra cena. Obsérvese a los niños cuando se divierten. ¿Qué es lo que hacen? ¿Navegan por Internet? ¿Ven la televisión? Cualesquiera de las actividades que realizan en sus ratos libres pueden emplearse como estímulos.

Una segunda técnica, útil pero a menudo inadvertida, consiste en preguntar a los niños qué creen que pueda motivarlos.

Regla 9. Todo aquello que el niño diga que lo motivará puede emplearse como estímulo.

Pregunte a sus hijos qué quieren hacer, qué desean o qué necesitan. Aunque el niño puede decir que le gustaría irse de campamento o pedir que se le conceda algo valioso, ¡no tenga miedo a preguntar!

La tercera técnica para identificar estímulos es el método de ensayo y error. Esta técnica deberá emplearse en caso de que las dos anteriores no funcionen.

Regla 10. Confíe en su propia experiencia y en su propio criterio para elegir estímulos.

Con frecuencia ello requiere observar lo que otros niños de la misma edad de los propios parecen desear o pedir. La desventaja de este método radica en que implica algunas conjeturas. Generalmente esta técnica no resulta tan exitosa como las citadas en las reglas 8 y 9, pero puede ser útil cuando resulte difícil identificar estímulos eficaces.

Mediante la aplicación de estas tres reglas se advertirá que es relativamente fácil identificar estímulos eficaces. Frecuentemente se deseará emplear estímulos derivados de estas tres reglas, a fin de ayudar a los hijos. En el capítulo 5 se dirá cómo deben usarse tales estímulos.

REPASO

Preguntas

1. Lo que es estimulante para un padre siempre resulta estimulante para sus hijos.

   ¿Verdadero o falso?

2. Los tres tipos de estímulos son: los interpersonales, los que consisten en actividades y los materiales.

   ¿Verdadero o falso?

3. Sonreír a los hijos constituye un ejemplo de estímulo interpersonal.

   ¿Verdadero o falso?

4. El empleo de estímulos materiales con los hijos es un buen ejemplo de soborno.

   ¿Verdadero o falso?

Respuestas

1. Falso.
2. Verdadero.
3. Verdadero.
4. Falso.

Tarea

1. Identifique tres posibles estímulos empleando la regla 8.

2. Identifique tres probables estímulos mediante la regla 9.

Cómo ayudar a los hijos a modificar sus conductas: principios básicos

A estas alturas el lector ya habrá desarrollado las habilidades fundamentales para especificar conductas, medirlas e identificar estímulos que puedan emplear para ayudar a sus hijos a modificar sus comportamientos. En este capítulo se expondrán los principios básicos del aprendizaje; una vez que se hayan aprendido tales principios, se estará en posibilidades de aplicar los conocimientos, cuando se estudie el capítulo 6.

Mientras lee este capítulo, tenga presente que gran parte de la conducta se aprende; esto es válido tanto para las conductas deseables como para las que no lo son. Los siguientes principios se aplican a la mayoría de las conductas; son los que hacen que los padres se sientan orgullosos de sus hijos, así como los que subliman a aquéllos. El conocer estos principios ayudará a los padres a incrementar sus oportunidades de desarrollar hijos competentes, y los capacitará para eliminar conductas que pudieran obstaculizar el pleno desarrollo del potencial de éstos.

CÓMO ESTIMULAR LA CONDUCTA

Principio A

Este principio establece que *cuanto ocurre o deja de ocurrir inmediatamente después de una conducta, determina si tal conducta se repetirá o no.* Este principio es resultado de años de investigación en el área de la conducta humana. Tal investigación demuestra que, aun cuando las causas (es decir, cuanto ocurre inmediatamente antes de la conducta) son importantes, los efectos (o sea, lo que sucede justamente después de la conducta) son todavía más importantes. Por ejemplo, rogar o suplicarle a los hijos que hagan su tarea no resulta tan eficaz para el desarrollo de buenos hábitos de estudio, como el hecho de alabarlos cuando estudian sin que se les pida que lo hagan.

Supongamos que se desea incrementar la frecuencia con la cual una hija asea su habitación. El principio A sugiere que cuando ella hace tal cosa, *inmediatamente* después se le debe proporcionar un estímulo adecuado, como un elogio. En teoría, "inmediatamente" significa aproximadamente medio segundo; por supuesto, no siempre resulta posible proporcionar un estímulo en el lapso de medio segundo. No obstante, el aprendizaje tiene lugar aun cuando el estímulo se aplica varios segundos (e incluso varios minutos u horas) después de ocurrida la conducta.

Tal principio nos dice que *es posible ayudar a los hijos a modificar su conducta mediante la modificación de las respuestas del ambiente subsecuentes a tal comportamiento.* Depende de lo que ocurra después de que el chico se comporte de cierta manera, el hecho de que tal conducta pueda incrementarse o disminuirse.

El principio A constituye uno de los fundamentos básicos del aprendizaje: de él derivan diversas reglas esenciales para auxiliar a los niños a fin de que incrementen o disminuyan sus conductas.

Regla 11. A fin de fortalecer o incrementar la tasa de ocurrencia de una conducta, haga seguir ésta por un evento agradable o deseable.

Esta regla nos dice que las conductas que se hacen seguir por estímulos tenderán a repetirse. Por ejemplo, suponga que uno de sus hijos ha estado manifestando frecuentes arranques de rabietas (se arroja al suelo, vocifera y llora), aproximadamente diez veces al día. Cuando usted analiza con cuidado lo que ocurre inmediatamente después de tal conducta, descubre que su cónyuge se sienta con el chico y lo sermonea explicándole "por qué no debemos hacer rabietas". Es muy posible (y a menudo probable) que el niño haga rabietas con mayor frecuencia como resultado del sermón. Para el hijo, los sermones tienen el efecto de un estímulo. Esto no es del todo raro; al respecto, se ha notado que los niños se sienten altamente motivados para atraer la atención de sus padres aun cuando dicha atención cobre la forma de regaño o sermón.

A menudo los padres no alcanzan a comprender por qué a pesar de los sermones los niños vuelven a incurrir en lo mismo cientos de veces. Sin embargo, desde el punto de vista de los hijos, el dedicarse a esas conductas particulares constituye una manera segura de atraer una considerable atención de sus padres. Ello implica por qué los regaños, en realidad, aumentan aún más la frecuencia de las conductas indeseables en muchos casos.

Lo anterior no significa que nunca se debe explicar las cosas a los niños, sino más bien que deben evitarse los regaños frecuentes. En la gran mayoría de las ocasiones una explicación será suficiente. Si ésta incluye un concepto que puedan comprender los niños, bastará con una sola vez; si no resulta tan fácil comprenderlo, entonces no parece que el repetirlo sea eficaz en todos los casos.

De igual manera como las conductas indeseables (rabietas, etc.) pueden adquirirse, las respuestas deseables pueden aprenderse. Imagine a una hija muy pulcra que siempre tiene el cabello limpio y bien peinado. El padre, al observar las respuestas de su esposa, descubre que ésta a menudo alaba a su hija por tener el cabello bien cuidado. El grado en que se da dicha buena presentación probablemente se mantiene a causa de los halagos de la madre. Recuerde que tanto las conductas deseables como las indeseables se adquieren de la misma manera y se apegan a las mismas reglas.

Regla 12. A fin de fortalecer o incrementar la tasa de ocurrencia de una conducta, haga seguir ésta por la interrupción de un evento desagradable o molesto.

Uno de los mejores ejemplos de esta regla consiste en el zumbido que advierte a quienes viajan en un automóvil que no se han puesto los cinturones de seguridad. Note el efecto que tan desagradable zumbido ejerce en la frecuencia con que se utilizan dichos cinturones. Cuando por olvido se omite su empleo, es posible evitar el fastidioso y molesto zumbido mediante la colocación del cinturón (a menos que descubramos una manera de "hacerle trampa" al sistema).

Los padres sucumben con frecuencia ante los efectos de la regla 12. Los gruñidos de un niño en una tienda (los cuales constituyen algo molesto y desagradable) a menudo pueden interrumpirse dándole a éste una galleta o cualquier golosina. El desagradable evento (el gruñido) es desplazado por la actitud del padre; *éste* ha aprendido (mediante la regla 12) cómo interrumpir los berrinches de su hijo; pero *el hijo* ha aprendido (en virtud de la regla 11) a conseguir una golosina en el supermercado. A los berrinches del chico les sigue el surgimiento de un evento deseable y agradable. Este ejemplo muestra cómo padres e hijos pueden enseñarse mutuamente conductas indeseables.

En virtud de que la aplicación de la regla 12 en la familia es, por sí misma, desagradable y molesta, no recomendamos su empleo. Sólo se ha enunciado para mostrar cómo afecta la conducta en muchas interacciones familiares.

Regla 13. A fin de debilitar o disminuir la tasa de ocurrencia de una conducta, haga seguir ésta por la interrupción de un evento agradable o deseable.

Recuerde la historia del pastorcillo mentiroso que gritaba "¡ahí viene el lobo!" Al principio, las voces del pastor provocaban que la gente del pueblo huyera despavorida; pero, al atender los gritos de aquél, nunca veían al lobo. Finalmente las respuestas de los pobladores se debilitaron y extinguieron, desafortunadamente en vísperas de la intempestiva aparición de la bestia. La conducta de ellos (al buscar al lobo) no fue seguida por el hecho deseable de salvaguardar al pueblo del animal. Esto dio por resultado una disminución en su conducta, lo cual ilustra la regla 13.

Otro ejemplo de esta regla puede verse si se emplea la descripción del niño que hace rabietas. Si los sermones del padre después de los berrinches en realidad dan por resultado una repetición de éstos, entonces la interrupción de tales regaños debería dar lugar a una disminución de las rabietas. Simplemente, cada vez que ocurra un berrinche lo que el padre debería hacer es salirse de la habitación e ignorar tal conducta. En efecto, éste es uno de los tratamientos más frecuentes para las rabietas.

Las conductas deseables también pueden debilitarse si no son seguidas por eventos agradables. Por ejemplo, un niño puede pedirle a su madre que le lea algo, pero ella puede considerar que otras actividades son más apremiantes. Él puede perseverar durante algún tiempo, pero quizá a fin de cuentas deje de solicitar aquello. Si esto ocurre muy a menudo, el niño puede aprender a no pedir cosa alguna y, finalmente, es posible que pierda el interés por la lectura.

Un interesante aspecto de la regla 13 radica en que la interrupción de un evento agradable (estímulo), frecuentemente puede ir acompañada de un eventual incremento en la frecuencia y la intensidad de la conducta. ¿No ha visto el lector, alguna vez, a alguien que echa una moneda en una máquina expendedora de dulces y no recibe a cambio la esperada golosina? Su conducta de accionar la palanca había dado lugar, hasta ahora, a un evento agradable (la salida de un dulce), pero en esta ocasión no ha ocurrido tal cosa. En vez de abandonar tal conducta puede empezar a accionar la palanca varias veces más, e incluso es posible que golpee (con impotencia) la máquina y vocifere ruidosamente. Cuando los padres comienzan a ignorar las rabietas puede ocurrir lo mismo; es probable que la conducta empeore por un lapso, en tanto se debilita y se extingue. Este ejemplo demuestra la necesidad de perseverar cuando se aplica la regla 13 para disminuir conductas.

Regla 14. A fin de debilitar o disminuir la tasa de ocurrencia de una conducta, haga seguir ésta por un evento desagradable o molesto.

Esta regla describe lo que comúnmente se conoce como castigo. Un niño puede recibir un manotazo después de haber hurtado galletas. De manera similar, un adulto puede ser multado por un agente de tránsito por conducir a exceso de velocidad. En ambos ejemplos probablemente disminuya la conducta durante un breve periodo, en especial cuando se encuentre presente el agente que castiga (el padre o el agente de tránsito).

A pesar de que los padres emplean con mucha frecuencia la regla 14 para modificar las conductas de sus hijos, el hacerlo acarrea diversos problemas. Las principales dificultades generalmente se relacionan con el empleo del castigo físico o corporal; algunas de ellas incluyen lo siguiente. El castigo:

1. Puede causar daño físico a quien se le aplica.
2. Por lo general, no da como resultado modificaciones duraderas en las respuestas. Sin embargo, tales modificaciones se mantienen cuando está presente el agente punitivo. Basta observar el pie sobre el acelerador de un automóvil cuando el conductor se percata de la presencia de un agente de tránsito; aun cuando se conduzca dentro del límite de velocidad, lo más probable es que ésta disminuya.

3. Puede dar lugar a que la persona que lo recibe evite a quien se lo aplicó, por temor. Los adolescentes que son reprendidos en la escuela por dejar de asistir a ella sin permiso, a menudo evitan ser castigados mediante el hecho de no regresar a la escuela.
4. Puede generar desprecio hacia quien lo aplica, lo cual constituye un serio peligro para las familias.
5. Puede resultar penoso para el padre (éste puede sentirse culpable, frustrado; puede perder demasiado el control, etc.).
6. Puede ocasionar un incremento en las respuestas agresivas del niño. Por ejemplo, las personas que se exceden con sus hijos casi siempre fueron víctimas, a su vez, de excesivo castigo físico.
7. Sólo le dice a los chicos lo que no deben hacer, pero jamás lo que es propio que hagan. En consecuencia, la más indeseable de las conductas puede ser sustituida por la que se castiga.
8. En realidad, puede impedir la eliminación de una conducta en ciertos casos. Por ejemplo, los niños que son castigados por orinarse en la cama pueden experimentar angustia y empezar a hacerlo con mayor frecuencia.

Además, cuando se emplea el castigo a menudo se hace de manera inadecuada, Por ejemplo, cuando un adolescente deja de asistir a clases, generalmente recibe un regaño cuando regresa de nuevo a la escuela. Si se ha de regañar a un chico que no asiste a clases, ello debería hacerse en casa, cuando se opta por este método, el cual no recomendamos.

Asimismo, debe recibir un estímulo en la escuela ("Nos da mucho gusto que hayas regresado, Gabriel"). Las escuelas deberían proveer poderosos estímulos para que se asista a ellas y se obtenga un excelente aprovechamiento. En tal caso los chicos *desearían* ir a la escuela, y los que no lo hicieran sentirían que se están privando de algo. Por tanto, los "escarmientos" por dejar de ir a clases no tienen sentido; generalmente no aumentan la asistencia y, en cambio, pueden disminuir el interés del niño por la escuela. El castigo puede generar precisamente la conducta que se pretende disminuir; por ello hay que tener cuidado y ser juicioso al aplicarlo. No debemos sentirnos culpables si recurrimos a su empleo ocasionalmente.

En resumen, el principio A nos dice que los eventos (las respuestas de los padres y de los demás) que siguen inmediatamente a las respuestas de los niños contribuyen en realidad a moldear la futura personalidad de éstos.

PROCEDA CON LENTITUD

Principio B

El principio B ha sido llamado *principio de pasos cortos* y establece que las *conductas se aprenden y se olvidan gradualmente*. Éste es, pues, *un principio importante a la vez que inadvertido*. La conducta no se aprende al primer intento, sino que se adquiere gradualmente a través de la práctica. Probablemente la primera vez que el lector se sentó ante un volante de automóvil no era un conductor competente. Maniobrar el volante, acelerar y frenar a la vez que se cuidaba de los otros automóviles era complicado y requería toda la atención del conductor. Quizá cometió errores; sin embargo, conforme practicaba empezó a efectuar en su momento cada proceso de la conducción, y pudo relajarse así como adquirir mayor destreza.

Regla 15. Las conductas se aprenden mejor si se enseñan a pasos cortos y empleando estímulos frecuentes.

El "principio de pasos cortos" frecuentemente es violado por padres bien intencionados que acuerdan pagar por los aciertos escolares del niño, y darle $50 por cada nota de excelencia. Ello sólo de cuando en cuando da como resultado una mejoría en el desempeño académico, puesto que el empleo de pasos cortos no se incluye en el plan. Los padres habrían obtenido mayor satisfacción si hubiesen acordado darle a su hijo $1.00 cada día que completara su tarea. La tarea constituye un componente vital para alcanzar calificaciones adecuadas en la escuela. Es más factible que el corto paso cotidiano de completar la tarea, seguido de un estímulo frecuente (diario), genere una mejoría en las notas de calificación. Piénsese en términos de muchos pasos cortos que concluyen una labor agradable y exitosa.

No debemos olvidar emplear esta misma regla cuando pretendamos disminuir la frecuencia de una conducta indeseable. Tanto niños como adultos no suelen abandonar milagrosamente sus malas conductas de un día para otro, así es que debemos esperar una disminución paulatina más que un éxito instantáneo, y debemos tener cuidado de proporcionar estímulos adecuados después de las disminuciones.

Cuando exista incertidumbre acerca de dónde comenzar, tan solo debemos ver la gráfica o el cuadro, y empezar a partir de la medición de línea base. Por ejemplo, si un niño le grita a los otros pequeños sólo cuatro veces al día, podemos comenzar por alabarlo por el hecho de que únicamente lo hizo cuatro veces en un día, después tres veces, y así sucesivamente. Proceda a pasos cortos, y una vez que el niño haya alcanzado cada nivel de éxito, dé otro paso.

AYUDE A SUS HIJOS PARA QUE DESEEN HACER COSAS BUENAS

Principio C

La ayuda a los niños para que desarrollen conductas que se mantienen sin el empleo de estímulos externos se denomina *interiorización*. Una vez que el niño haya establecido un nivel deseable de desempeño, así como una frecuencia constante aceptable, el padre querrá infundir respuestas interiorizadas. Deseará que sus hijos hagan las cosas buenas (por ejemplo, estudiar) por el hecho de querer hacerlas, y no solamente a causa del estímulo. La interiorización ocurre como resultado de un incremento en la efectividad de los estímulos interpersonales, y de una gradual disminución en el empleo de los estímulos que consista en actividades y de los de índole material.

Con frecuencia los padres nos preguntan si deben continuar aplicando estas técnicas indefinidamente a una conducta problema dada. Por lo general podemos responder que la técnica se desvanecerá y los comportamientos deseados se interiorizarán. Se dice que un niño ha interiorizado una respuesta cuando manifiesta ésta tan solo con un pequeño estímulo externo. Sin embargo, algunas conductas no son fáciles de interiorizar; muchas respuestas de niños y adultos requieren de estímulos externos ocasionales.

Regla 16. A fin de interiorizar una conducta, emplee un estímulo interpersonal a la vez que aplica otro que consiste en una actividad o uno de tipo material.

Dicho con sencillez: recompense o halague al chico cuando se haga acreedor a un estímulo, debido a una conducta deseable.

Suponga que desea incrementar el número de días que su hijo llega a casa, procedente de la escuela, antes de las 6:00 p.m. A la vez que se le otorga permiso para ver la televisión, podría alentársele si se le dice algo como: "Realmente aprecio que hayas llegado temprano; gracias por llegar a tiempo a casa." Esta conjunción de un estímulo interpersonal y otro estímulo que consiste en una actividad (o un estímulo material), a menudo tiene el efecto de hacer más poderoso y útil el estímulo interpersonal (el halago). No debe desperdiciarse la oportunidad de acompañar los estímulos interpersonales con otros; el objeto de hacerlo consiste, a fin de cuentas, en motivar la conducta tan solo mediante el halago, lo cual constituye un ideal de la paternidad positiva.

Regla 17. A fin de interiorizar una conducta, disminuya gradualmente la frecuencia con que se administran los estímulos inmediatamente después de la conducta.

Esta regla sugiere que el empleo de estímulos debe disminuir gradualmente. Por ejemplo, si le ha concedido a su hija obtener dinero diariamente por lavar los platos después de cenar, empiece a pagarle cada dos días; si se mantiene el nivel de la conducta, intente darle dinero cada tres días y después cada semana, etcétera.

El combinar las reglas 16 y 17 incrementa la posibilidad de interiorizar la conducta, aunque la interiorización no ocurre fácilmente con todos los comportamientos. El empleo de cuadros y gráficas es muy valioso para determinar si se está teniendo éxito o no en el desarrollo de conductas interiorizadas. Si la conducta se mantiene en un nivel deseado puede desecharse en grado aceptable la aplicación de estímulos que consistan en actividades y la de estímulos materiales. Si la conducta se torna inaceptable, entonces continúe con el programa de pasos cortos, administre estímulos después de cada respuesta y disminuya el empleo de estímulos con mayor lentitud que antes.

Suponga que su hija generalmente no arregla su cama todos los días, aun cuando usted ha intentado hacerle razonar, la ha amenazado, sermoneado e, incluso, nalgueado. Mide la línea base durante una semana y encuentra que ella arregla su cama un día (por tanto, la medición de línea base es de un día por cada siete). Usted empieza por darle $ 3.00 a su hija cada vez que ésta arregla su cama antes de las 9:00 a.m., sin que le recuerde que debe hacerlo.

Durante las tres siguientes semanas arregla su cama diariamente. Entonces usted decide desarrollar una respuesta interiorizada; es decir, toma la decisión de disminuir gradualmente el empleo de un estímulo material y de aumentar la dependencia de estímulos interpersonales. Primero empieza por pagarle a su hija $6.00 por cada *dos* días que arregla la cama, y la alaba *cada* vez que lo hace; encuentra que todavía arregla su cama diariamente. Entonces decide pagarle $21.00 cada *siete* días, a la vez que la alaba siempre que arregla la cama; sin embargo, después del quinto día ella deja de hacerlo. En este caso debe regresarse a una fase anterior ($6.00 cada dos días, $3.00 diariamente), así como proceder con mayor lentitud. Debería empezarse otra vez por $3.00 diarios y, entonces, iniciar el desarrollo del programa por semanas, aumentando el número de días entre estímulos, de dos a tres, después a cinco a 30 (mensualmente), sin modificación en la conducta. En esta ocasión puede hablarle a su hija e indicarle que ciertamente está mostrando madurez y responsabilidad. Asimismo, es posible interrumpir el empleo del estímulo material, aunque bien puede desearse continuar usándolo para ayudarla a modificar otras conductas. En teoría, los halagos de los padres, el sentirse bien por la habilidad de desarrollar una responsabilidad y, en última instancia, la aprobación social, pueden convertirse en poderosos estímulos. Lo anterior representa lo que entendemos por conducta interiorizada.

MODELE CONDUCTAS

Principio D

El principio D ha sido llamado *principio del modelo,* y establece que *un niño tenderá a copiar o imitar a sus padres y a otras personas que le resulten atractivas* (hermanos, tías, primos, artistas de cine, etc.). Los niños muy pequeños parecen copiar fielmente la conducta de sus padres y dicen las cosas tal como éstos lo hacen. Cuando los niños crecen, sus modelos pueden desplazarse de la familia hacia Superman, un artista famoso o su maestro favorito.

Una gran parte de la conducta humana, tanto deseable como indeseable, se aprende a través de la imitación. El viejo adagio "el que con lobos anda, a aullar se enseña" es muy aplicable a los niños. Éstos pueden aprender a ser corteses, estudiosos, amorosos o afectuosos mientras observan a sus padres. Asimismo, es posible que aprendan a fumar o beber en exceso debido a los hábitos de sus padres en tal sentido.

Un ejemplo que ilustra a la perfección esto es lo que le ocurrió a Ronnie, el hijo de siete años de edad de uno de los autores de este libro, después de que presenció la Serie Mundial de Béisbol de 1975. Quedó tan impresionado por el gran desempeño del lanzador Luis Tiant, de los Medias Rojas de Boston, que al día siguiente de la segunda victoria de Tiant, Ronnie salió al patio trasero para practicar e imitar la efectividad del lanzador. Desafortunadamente, también infló sus mejillas como suelen hacerlo muchos beisbolistas con tabaco (él lo hizo con goma de mascar), y se la pasó escupiendo por todo el patio. No solamente había imitado los lanzamientos de Tiant, sino también la masticación de tabaco y los escupitajos de aquél.

Resulta difícil predecir cuáles aspectos del comportamiento de un padre serán imitados por un hijo; debido a ello, aquél debe prestar atención a su propia conducta. Es sumamente difícil modificar cierta conducta indeseable de un hijo cuando uno u otro cónyuge incurren en esa misma conducta también. Si algún padre descubre que posee determinados malos hábitos que están siendo imitados por uno de sus hijos, le recomendamos que elimine tales hábitos antes de intentar modificar los mismos comportamientos indeseables en el niño. Algunas sencillas técnicas para modificar las propias conductas se ofrecen en el capítulo 11.

REPASO

Preguntas

1. De acuerdo con el principio A, cuanto ocurre o deja de ocurrir inmediatamente antes de una conducta determina el que ésta se repita o no.

   ¿Verdadero o falso?

2. Esperar que un chico que ha estado fallando en la escuela obtenga una calificación de excelente al final de un lapso en el que se le han restituido las concesiones de ver la televisión, viola el principio de pasos cortos.

   ¿Verdadero o falso?

3. Una de las maneras de incrementar las posibilidades de que se repita una conducta indeseable consiste en sermonear después de tal conducta.

   ¿Verdadero o falso?

4. Los autores no recomiendan el castigo físico.

   ¿Verdadero o falso?

5. Las conductas interiorizadas pueden desarrollarse apareando estímulos interpersonales, como los halagos de los padres o las aprobaciones sociales, con estímulos materiales.

   ¿Verdadero o falso?

Respuestas

1. Falso.
2. Verdadero.
3. Verdadero.
4. Verdadero.
5. Verdadero.

Tarea

Revise las listas de conductas deseables e indeseables que haya elaborado y vea si es posible descubrir algunos eventos que ocurren después de las respuestas y que podrían motivarlas. Por ejemplo, ¿qué hace cuando su hijo llega tarde a casa a partir de cierto día?; ¿qué hace mamá cuando la hija lava los platos sin que se le pida? Recuerde que si existe dificultad para hallar estímulos interpersonales, materiales, o consistentes en actividades, la conducta puede tornarse en interiorizada. Ello significa que el estímulo original puede no aplicarse más.

Cómo ayudar a los hijos para que incrementen las conductas deseables

Para modificar la conducta de los niños sólo se requieren cinco pasos: *a*) especificar la conducta por modificar (capítulo 2); *b*) medir la línea base de tal conducta (capítulo 3); *c*) identificar los estímulos (capítulo 4); *d*) desarrollar un programa para modificar la respuesta, con base en los principios de aprendizaje (capítulo 5); y *e*) evaluar los efectos del programa (capítulo 3). En este capítulo se ofrecen diversos ejemplos de cómo se establecen programas para ayudar a los hijos a modificar sus conductas mediante la regla 11.

Se recordará que tal regla establece que, para fortalecer o incrementar la tasa de ocurrencia de una conducta debe seguir a ésta un evento deseable, agradable. Ésta es, con mucho, la más útil y popular de las reglas para modificar la conducta. Las situaciones en las cuales se emplean las demás reglas se describirán en el capítulo 7.

IMPLANTE UN PROGRAMA

Ejemplo 1

Patricia y Jaime acudieron a nuestro consultorio debido a que su hija Ana, de trece años, frecuentemente "olvidaba" arreglar su cama y depositar su ropa sucia en el cesto asignado a ésta. Describían la habitación de ella como "área de desastre", y habían recurrido a todos los medios, desde los sermones hasta los intentos de persuadirla. El cuarto desarreglado se había convertido en problema por casi dos años y los padres admitieron que empezaban ya a sentir antipatía por Ana, lo cual los atemorizaba. Establecimos el siguiente programa a fin de remediar tales problemas:

1. *Especificación de la conducta.* Incrementar el número de días por semana que Ana arregla su cama y deposita su ropa sucia en el cesto correspondiente a las 8:00 a.m.
2. *Medición de línea base.* Los padres llevaban la cuenta del número de días por semana en que se daban ambas conductas, a lo largo de las dos siguientes semanas. Entonces trazaban una gráfica como ésta:

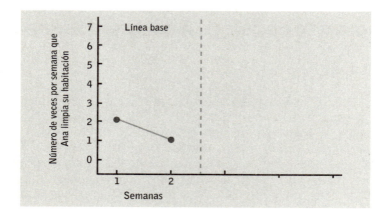

Nótese que las conductas se presentaron simultáneamente sólo dos días de la primera semana, y en un día de la segunda.
3. *Identificación de estímulos.* Los padres observaron a Ana durante los ratos libres de ésta, y descubrieron que escuchaba discos y veía la televisión varias horas al día (regla 8). También le pidieron que enumerara varias cosas y actividades que deseara realizar. Ella les proporcionó una relación de cosas relativas a: su vestimenta y el dinero, actividades como ir al cine y obtener permisos para salir con sus amigos.
4. *Inicio del programa.* Los padres empezaron el programa dándole a Ana (a las 8:00 hrs.) $5.00 cada día que arreglaba la cama y ponía su ropa en el cesto antes de esa hora. La conducta deseada comprendía también el que las prerrogativas de ver la televisión se limitaran cada día de las 6:00 a las 9:00 p.m. Finalmente, los padres la alababan cada día perfecto, diciéndole cosas como: "Gracias por arreglar tu cama y poner tu ropa en el cesto. Estamos muy orgullosos del aspecto tan agradable que das a tu habitación. Aquí tienes tus $5.00, te has ganado el derecho de ver la televisión esta noche".

5. *Evaluación del programa.* Los padres medían la conducta de Ana durante las tres siguientes semanas, a la vez que proporcionaban estímulos. Ampliaban la gráfica de la siguiente manera:

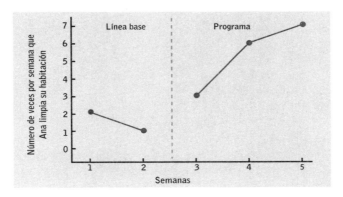

En la gráfica se puede apreciar con toda claridad el éxito del programa. Por supuesto, los padres seguían entonces las reglas de interiorización (reglas 16 y 17), y paulatinamente dejaban de emplear como estímulos el derecho a ver la televisión y el dinero.

Ejemplo 2

Juanito, de cuatro años de edad, no obedecía las indicaciones de sus padres. Éstos intentaron hacerlo razonar y recurrieron a las zurras, pero fracasaron. Finalmente realizaron el siguiente programa:

1. *Especificación de la conducta.* Aumentar el porcentaje de veces que el niño obedece las indicaciones de sus padres en 20 segundos o menos.
2. *Medición de línea base.* Los padres llevaron un registro diario de la conducta del niño, y escribían en él un símbolo cada vez que le pedían a Juanito que hiciera algo. Si él obedecía en 20 segundos o menos, encerraban el símbolo en un círculo. Sus mediciones presentaban el siguiente aspecto:

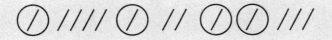

Este registro deja ver que los padres dieron 13 indicaciones, de las cuales cuatro fueron obedecidas. Cada semana aquéllos calculaban el porcentaje de órdenes acatadas y graficaban los resultados:

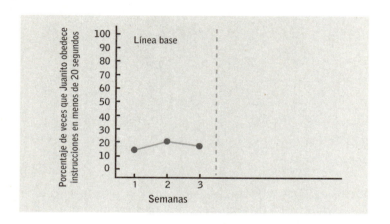

En esta gráfica se aprecia que aproximadamente entre 15 y 20% de las indicaciones eran obedecidas por el niño.
3. *Identificación de estímulos.* Los padres descubrieron que Juanito pasaba casi todo el tiempo jugando con los animalitos que tenía por mascotas: un perro y una rata (regla 8). Entonces decidieron emplear monedas como estímulos materiales (regla 10).
4. *Inicio del programa.* Cada vez que Juanito obedecía las órdenes de sus padres en 20 segundos o menos, le daban (inmediatamente) una moneda y le decían: "¡Eres tan buen niño por hacer lo que te pido! Eso nos hace sentir bien". Por cada hora perfecta se le permitía a Juanito jugar con sus animalitos durante 15 minutos.
5. *Evaluación del programa.* La gráfica anterior muestra que Juanito obedecía más de 90 % de las veces al llegar a la séptima semana.

En virtud de la importancia de los programas que sugiere la regla 11, se presenta el bosquejo de dos ejemplos más. Recuérdese que no hay que perder de vista las conductas deseadas y los estímulos.

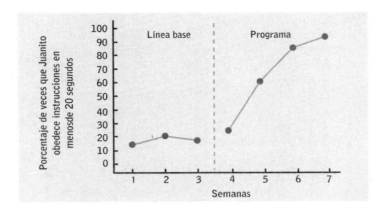

Ejemplo 3

1. *Especificación de la conducta.* Incrementar el número de veces por semana que María (de 16 años) dedica a la banda musical de su escuela.
2. *Medición de línea base:*

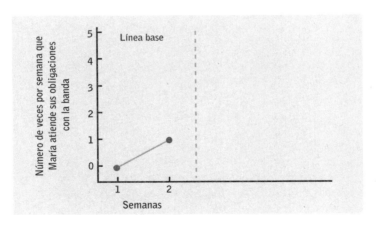

3. *Identificación de estímulos.* Éstos consistían en conducir el automóvil hasta la escuela, obtener permisos y pasear a caballo.
4. *Inicio del programa.* Cada día que María atendía sus obligaciones con la banda y practicaba, obtenía $5.00 así como permiso para conducir el automóvil hasta la escuela durante la próxima semana. También recibía de sus padres una alabanza y se le permitía pasear a caballo el sábado.

5. *Evaluación del programa:*

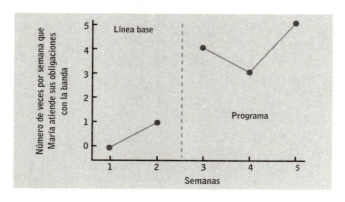

Ejemplo 4

1. *Especificación de la conducta.* Aumentar el número de horas por día durante las cuales Enrique (de nueve años) juega con otros niños.
2. *Medición de línea base:*

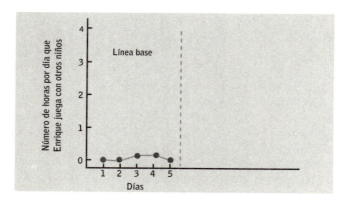

3. *Identificación de estímulos.* Éstos consisten en jugar "Monopolio" con la mamá, en jugar con el padre a atraparse mutuamente, y en hablar con ambos a la vez.
4. *Inicio del programa.* Por cada hora que Enrique jugaba con otros niños podría conversar 10 minutos con su madre o su padre. Todo día en el que jugaba durante dos o más horas con otros niños se le dejaba elegir entre jugar "Monopolio" o a atrapar a su padre, además de permitírsele platicar con sus padres.

5. *Evaluación del programa:*

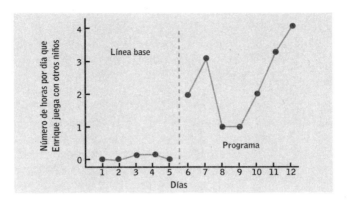

Al duodécimo día Enrique jugaba ya durante cuatro horas diarias con otros niños. Después del decimoquinto día dijo a sus padres que se estaba "divirtiendo verdaderamente" con sus nuevos amigos. El programa se interrumpió sin que disminuyera la conducta. En otras palabras, el programa "marchó sobre ruedas" y el juego de Enrique se volvió gratificante por sí mismo, haciendo que los estímulos resultaran innecesarios.

AUMENTE LA DURACIÓN DE LOS ESTÍMULOS

Como en otros aspectos de la vida, los estímulos que emplean los padres para ayudar a sus hijos a modificar su conducta a menudo se "gastan". Los estímulos que alguna vez resultaron eficaces pueden dejar de serlo. Esto puede deberse a varias razones; una de ellas es que los estímulos pueden empezar a "quedarles chicos". En efecto, los permisos para pasear en bicicleta pueden volverse ineficaces cuando los adolescentes consiguen sus primeros permisos para conducir automóvil. Otra razón es que los hijos pueden hartarse o quedar colmados. Por ejemplo, un dulce puede tener buenos resultados como estímulo dos horas antes de la comida, pero quizá resulte ineficaz *dos minutos* después de ésta.

No obstante, el empleo reiterado de un mismo estímulo puede hacer que su aplicación resulte rutinaria e incluso aburrida. ¿Alguna vez ha comido tal cantidad de pastel hasta haber perdido el gusto por esa golosina en particular? Esto es lo que suele ocurrir cuando se dispone de "mucho de una buena cosa".

Sin embargo, con frecuencia puede evitar que un estímulo "quede chico". Por supuesto, algunos estímulos pueden volverse menos eficaces porque el niño madura, o bien porque sus gustos cambian. La mayoría puede mantener su eficacia mediante el empleo de diversos estímulos; lo anterior parece ampliar la duración de los mismos. Por ejemplo, en vez de recurrir solamente a los permisos para ver la televisión, los padres de Ana (en el primer caso descrito en este capítulo) también emplearon halagos y dinero. Ellos pudieron haber otorgado permisos para ver televisión o dinero a la vez que alababan a su hija, pero al echar mano de ambos recursos ampliaron la eficacia de cada uno de los estímulos.

No debe angustiarse más de la cuenta si los estímulos pierden eventualmente su capacidad de ayudar a sus hijos a modificar su propia conducta; simplemente cambie a cualquier otro que haya sido incluido bajo el rubro de "identificación de estímulos", y que no haya sido empleado.

AYUDE A SUS HIJOS PARA QUE LLEGUEN A SER ADULTOS FELICES

Aunque la mayor parte de lo expuesto parece centrarse en los problemas del presente, la aplicación de la regla 11 tiene también una importancia crucial para el futuro de los hijos. En general, el empleo adecuado y cabal de los estímulos les permitirá llegar a ser adultos felices y sanos.

Uno de los descubrimientos más importantes en el ámbito de la psicología es que la depresión tiene su origen en un aprendizaje individual de cómo sentirse impotente. Esto es, cuando alguien cae en estado de depresión, a menudo ello obedece al hecho de que se siente incapaz de controlar su mundo y, en consecuencia, se siente impotente. Cuando la gente permanece deprimida por un periodo relativamente largo, o se vuelve severamente deprimida, es muy común que tal tipo de personas haya aprendido que, sin importar lo que haga, parece no poder controlar lo que le ocurre.

Éste es uno de los más grandes peligros del niño "mimado". El último término se aplica a los pequeños que reciben golosinas a pesar de lo que hacen. Los adultos que fueron mimados cuando niños a menudo se vuelven severamente deprimidos, porque han aprendido que su propia conducta no guarda relación con lo bueno que les ocurre; recibieron juguetes, dinero y permisos sin importar lo que hicieran. Alcanzan la edad adulta sin haber aprendido que podrían controlar las cosas buenas y las malas que les sucedían.

Sin embargo, ésta no es la única manera de aprender a sentir impotencia. Lo mismo puede ocurrirle a los niños a quienes nunca se les dan golosinas, o a los que las reciben de manera tan inconsistente que jamás llegan a saber si una conducta particular puede ir seguida de algo bueno o malo, o si será ignorada.

Cuando los padres emplean los estímulos cabalmente sus hijos aprenden a sentirse responsables de lo bueno que les sucede a éstos. Los hijos desarrollan un sentido de competencia y autoestima, porque sienten que se hacen merecedores de los resultados de su propia iniciativa; y ello será más importante que modificar una conducta específica cualquiera.

REPASO

Preguntas

1. Enumérense los cinco pasos para modificar cierta conducta de un niño.

    A. _____
    B. _____
    C. _____
    D. _____
    E. _____

2. Enúnciese la regla 11:

Respuestas

1. A. Especificación.
   B. Medición (de línea base).
   C. Identificación.

D. Programa.

E. Evaluación (del programa).

2. A fin de fortalecer o incrementar la tasa de ocurrencia de una conducta, haga seguir ésta por un evento agradable o deseable.

Tarea

De entre la lista de conductas por modificar, seleccione una que desee incrementar. Después, con apego a los cinco pasos establecidos en este capítulo, desarrolle un programa para incrementar la tasa de ocurrencia de tal conducta, aplicando los principios básicos presentados en el capítulo 5.

Cómo ayudar a los hijos para que disminuyan las conductas indeseables

En el capítulo 6 se ofrecieron varios ejemplos de cómo incrementar la tasa de ocurrencia de una conducta deseable mediante la regla 11. En el presente capítulo se exponen diversos métodos específicos para disminuir la tasa de ocurrencia de conductas indeseables por medio de las reglas 13 y 14.

CUATRO MANERAS DE EXTINGUIR UNA CONDUCTA INAPROPIADA

Para disminuir una conducta, haga seguir ésta por la interrupción de un evento agradable o deseable (regla 13), o por un evento desagradable o molesto (regla 14). Existen dos técnicas muy útiles para aplicar la regla 13: la de ignorar y la de tiempo fuera.

Técnica de ignorar

Uno de los más poderosos eventos en la vida del niño es la atención que recibe por parte de sus padres. A menudo las conductas indeseables de los niños parecen estar orientadas a llamar la atención de los padres, aun cuando ésta adquiera formas negativas como las zurras, los sermones y las reprimendas. Problemas como las rabietas, los gimoteos y las expresiones despectivas acerca del propio niño, con frecuencia son motivados por la atención de los padres. Cuando éstos no prestan atención a las conductas indeseables de los hijos, se dice que las ignoran. El ignorar una conducta indeseable es una de las técnicas más útiles para debilitar conductas socialmente motivadas; sin embargo, a menudo se dificulta su correcta aplicación.

Una vez que usted haya especificado cuidadosamente la conducta que desea disminuir, puede iniciar el proceso de ignorar. Como hemos dicho, ésta consiste en retirar la atención. La atención incluye mirar, realizar expresiones faciales como sonreír, hacer gestos o fruncir las cejas, así como señalar, tocar (por ejemplo dar palmadas o manotear) y hablar con el niño o acerca de él. Cuando se ignora una conducta, simplemente debe dirigirse la mirada a otro lado. No muestre expresión facial alguna que pudiera manifestar desaprobación, ni realice ademanes como agitar las manos; tampoco toque al niño ni manotee, y no le hable ni le grite. Esta técnica generalmente requiere mucho autocontrol por parte de los padres.

En la disminución de conductas por medio del ignorar, éste constituye en sí mismo la mitad del proceso. Debe estarse seguro de que se le presta atención al niño cuando no manifiesta la conducta inadecuada. Debe sonreírsele, tocarlo y alabarlo por "demostrar madurez" o "autocontrol". "Bien, Dani, por no haber hecho rabietas durante las últimas tres horas. ¡En verdad estás empezando a ser un hombrecito!" Durante el proceso de que nos ocupamos, retírese de las conductas indeseables la atención y diríjase hacia las deseables. Hágase un esfuerzo especial por descubrir la manifestación de respuestas positivas y competentes por parte del niño, y síganse éstas sin desviar la atención.

Un ejemplo de esto lo tenemos en Carlitos, de seis años, a quien constantemente se le veía chuparse el pulgar. Sus padres y el dentista hablaron con él acerca del problema, pero Carlitos no hizo caso a pesar de las peticiones y los regaños de aquéllos. Su dedo incluso se agrietó y dejaba ver la carne. La madre llegó a pegarle varias veces en un intento por acabar con la conducta. Después de las zurras dejó de chuparse el dedo en presencia de ella, durante dos días; pero después reincidió con mayor ansia que antes. Finalmente, después de iniciar su entrenamiento en nuestro curso para padres, los papás de Carlitos decidieron ignorar a éste cuando tuviera el dedo en la boca, y alabarlo cuando no fuera así. Pasados tres días no se chupó más el dedo (y la presión sanguínea de sus padres volvió a la normalidad).

Una manera más elaborada de eliminar el chupeteo de dedo consiste en aplicar la técnica mientras se lee un cuento al niño cuando está por dormirse. El padre simplemente interrumpe la lectura al momento de llevarse el dedo a la boca el niño. Tan pronto como éste deja de hacer tal cosa, se reanuda la lectura. Este programa resulta particularmente útil en casos de niños que suelen chuparse el dedo en la noche, más que en el día.

Casi siempre los padres se quejan (y a menudo con razón) de la calidad de los amigos con quienes sus hijos adolescentes interactúan. Los padres de una joven de 15 años se alarmaban por los amigos que aquélla llevaba a casa. Se caracterizaban éstos por su falta de aseo, por fumar, masticar tabaco e ignorar a los padres durante la conversación. Los padres constantemente se quejaban de sus citas. Cuando ocasionalmente llevaba a casa a un chico limpio y con el pelo recortado, solían preguntarle: "¿Por qué no siempre sales con muchachos como éste? ¡Por Dios!, mejora tus gustos; ¡y nunca más traigas a casa a alguien como aquel último chico que trajiste!" Adivine cómo lucía su siguiente invitado: mugriento, descortés, y en general inaceptable. Entonces los padres aprendieron a ignorar y evitar comentarios sobre los amigos indeseables de su hija. Pasaron ratos amargos, pero se mantuvieron firmes; no se quejaron ni la regañaron. Cierta noche, la hija recibió a un compañero de clases muy cortés y bien arreglado. Después de la visita, los padres la alabaron diciéndole: "En verdad nos gusta él; estamos muy felices, querida." No atenuaron su halago mediante una amonestación para que ella "mejorara sus gustos". Pronto mejoraron las elecciones de la hija (a los ojos de los padres), y gradualmente desapareció el problema de sus acompañantes indeseables. Descubrir a un hijo haciendo algo bueno es mucho más placentero y satisfactorio que andar al acecho para sorprenderlo en alguna equivocación. Si la atención de los padres para lograr conductas apropiadas no es lo suficientemente poderosa, empléese un estímulo material o uno que consista en una actividad, además de prestar atención y expresar halagos.

Técnica de tiempo fuera

Desafortunadamente hay muchas situaciones en las que no puede ignorarse la conducta del chico. Resulta obvio que no se puede ignorar a un niño de nueve años de edad cuando le pega a su hermana de cinco. En este tipo de situaciones debe emplearse el procedimiento de tiempo fuera, el cual constituye una variante de la técnica, tan usada, de enviar a los niños a sus habitaciones. Esencialmente, el tiempo fuera es el acto de ubicar al niño en un ambiente aburrido inmediatamente después de alguna respuesta indeseable, como pegarle a otro niño, destruir un objeto o manifestar rabietas. Muy a menudo tales respuestas evocan reacciones emocionales, muchas veces violentas, de los padres y otros adultos. La investigación referente al desarrollo infantil sugiere que la destrucción de objetos y las explosiones de rabietas pueden tener por finalidad hacer enojar a los padres, y la respuesta de enojo de éstos realmente sirve de estímulo para que el hijo manifieste la respuesta indeseable. El tiempo fuera, en realidad, desplaza cualquier pago o premio por la destrucción o las rabietas, y da lugar al aburrimiento del niño y al retiro de atención por parte de los padres.

El tiempo fuera es sumamente eficaz para disminuir las conductas indeseables cuando se aplica con mucha proximidad a tales comportamientos. Las siguientes cinco reglas describen el empleo correcto del tiempo fuera.

1. Escoja un área bien iluminada, ventilada y aislada. Esencialmente, *tiempo fuera* significa interrupción de estímulos, de modo que el área mencionada debe impedir que el niño pueda ver la televisión y que interactúe con otros miembros de la familia.
Deben desalojarse todos los elementos que consistan en juguetes, libros, alimentos, así como otros entretenimientos. La palabra clave es *aburrir*, no castigar; las condiciones descritas están concebidas precisamente para eso: ¡para *aburrir*! Los padres han usado sitios como una habitación desocupada, un rincón, el cuarto de baño y una gran silla en un lugar apartado de la casa. No intente asustar al niño apagando la luz. Piense en "aburrir", no en castigar.
2. Cuando le anuncie a un niño que debe estar en tiempo fuera, haga tal cosa con calma, actúe con prontitud y exprese la menor emoción posible. Debe decir el propósito del tiempo fuera y qué tanto deben permanecer en él. Por ejemplo, diga "Juanito, diez minutos de tiempo fuera por pegarle a tu hermana". Si el niño titubea, tómele del brazo con delicadeza, pero a la vez con determinación, y acompáñele al área de tiempo fuera. Al hacer todo ello no debe perderse la frialdad. Mantenga la calma (al menos por fuera). No debe argumentar, explicar nada ni discutir con el niño; tal es el precio de haberse portado mal éste. Recuerde que tiempo fuera significa *aburrimiento*, no venganza.
3. La duración efectiva del tiempo fuera varía de un niño a otro. Sin embargo, nosotros usamos la regla del pulgar, que

prescribe un minuto por cada año de edad. Por ejemplo, a un niño de 10 años se le aplicará tiempo fuera durante 10 minutos, mientras que a otro de cinco años se le darán sólo cinco minutos.
4. Use un cronómetro para saber cuándo ha concluido el tiempo fuera.
5. Si el niño abandona el área de tiempo fuera antes de lo indicado, simplemente dígale: "Se inicia otra vez el tiempo fuera, porque te saliste antes de completarlo". Haga lo mismo si el niño grita, vocifera o destruye algo. Reajuste el tiempo y vuelva a empezar. No recomendamos duraciones de tiempo fuera de más de 45 minutos para niños grandes, ni de más de 1 ½ horas para adolescentes ya un poco mayores. Si alguien tiene un hijo que continúa en tiempo fuera más de lo recomendado, durante un episodio, puede ser que necesite otra técnica. Como en el caso de otros programas para disminuir conductas, sugerimos que también se provea a los chicos de otros estímulos positivos, incluidos los halagos, las actividades (por ejemplo, permisos para ver televisión) y estímulos materiales, cuando no manifiesten la respuesta indeseable. Aun cuando a Guillermo se le someta a tiempo fuera cada vez que le pegue a su hermano, cada hora que no lo haga deberá recibir una moneda (al igual que su hermano) y una alabanza de sus padres, como ésta: "Guillermo, verdaderamente estamos orgullosos de que juegues tan a gusto con tu hermano. ¡De veras te estás convirtiendo en un hombrecito!" *El tiempo fuera debe aburrir y emplearse junto con un programa positivo para no manifestar la conducta indeseable.*

Multas

Hay dos técnicas que recomendamos para disminuir conductas indeseables, que se basan en la regla 14 (hacer que a una conducta de tal tipo le siga un evento desagradable o molesto); tales son las multas y la saciación. Por supuesto, las zurras constituyen una técnica común empleada por los padres para disminuir las conductas indeseables de sus hijos, y son un ejemplo de la regla 14. La mayoría de aquéllos recurren a las zurras leves con mesura y, no obstante, con buenos resultados. Sin embargo, no recomendamos la aplicación de castigo corporal; nuestras razones fueron expuestas en el capítulo 5.

CAP. 7. CONDUCTAS INDESEABLES

Las multas consisten en pedirle al chico que pague por haber manifestado una conducta indeseable. Por ejemplo, Julia tenía 11 años y frecuentemente dejaba su ropa sucia tirada por toda la casa, por todas partes. Sus padres decidieron usara la mesada a fin de acabar con "la ropa sucia que encontraban por doquier, excepto en el cesto destinado a ella". Julia había estado recibiendo $20.00 semanalmente, sin condiciones. Sus padres le indicaron que desde ahora debía iniciar la semana con $3.00 por día (21 pesos en total). Por cada pieza de ropa sucia que no estuviera en el lugar apropiado se le multaría con 50 centavos. Al finalizar el día recibiría su dinero, menos las multas, si las hubiera. Cada tres días perfectos le daban derecho a recibir 1 peso extra como premio. Naturalmente cada día perfecto también se le alabaría.

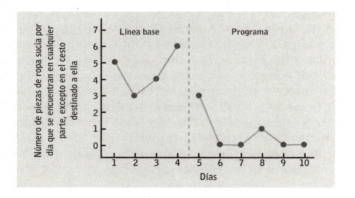

Como puede verse en la gráfica, la cantidad de ropa sucia tirada por toda la casa disminuyó drásticamente en dos días.

Después de una semana de conducta perfecta, los padres empezaron a interiorizar la respuesta mediante el pago a Julia (descontadas las multas, de haber sido necesarias) cada dos días, y finalmente una vez por semana. Julia deja ropa tirada aún, una vez cada semana o cada dos semanas, pero sus padres no lo objetan. Consideran que se ha resuelto el problema.

Se han empleado programas similares para disminuir las rabietas, la frecuencia con que se le pega a otro niño, los hurtos, las malas palabras y otras conductas indeseables. Recuerde que los periodos en que no ocurre la conducta deben hacerse seguir por un estímulo. Descubra a sus hijos cuando manifiestan un comportamiento deseable y reconózcalos, mediante halagos, caricias, recompensas y atención. El empleo de las multas debe apegarse a los cinco pasos del desarrollo de un programa: especificación, medición (de línea base), identificación, programa y evaluación (del programa).

Saciación

La saciación ha sido usada durante años por los padres. Consiste en proporcionar a los hijos estímulos deseables con tal frecuencia que éstos acaban por cansarlos o empiezan a dejar de ser atractivos. Por ejemplo, hemos escuchado a varios no fumadores decir que fueron saciados por sus padres. Un individuo relató que fue sorprendido por su padre cuando fumaba en un granero. En vez de los azotes que esperaba de su padre, éste le dio 10 cigarrillos y le pidió que los fumara todos. Por supuesto, sintió náuseas y desde aquel día no soporta el olor de los cigarrillos. Quizá el propio lector ha sido inocente receptor de saciación. ¡Una cantidad excesiva de algo bueno puede resultar mala! A fin de disminuir el apetito de alguien por un estímulo particular, ofrézcale el estímulo una y otra vez.

Se ha descubierto la utilidad de la saciación como medio para disminuir la afición de los niños por el fuego. Gabriel era un niño de ocho años al que tratamos a causa de su "piromanía". Casi había incendiado su casa, encendía numerosas fogatas y durante tres meses se le había encontrado jugando con fósforos. Sus padres habían recurrido a todo cuanto conocían: zurras, regaños y súplicas. Era tal el gusto de Gabriel por el fuego, que se pasaba varias horas junto a la chimenea. Les sugerimos entonces a los padres que intentaran aplicar la saciación. Llevaron a Gabriel a una parte aislada del patio (de manera que no pudiera iniciarse un incendio accidentalmente), y le pidieron que encendiera fósforos en presencia de su padre o su madre, tres horas al día. Las reglas fueron: *a*) Gabriel sólo podría encender un fósforo a la vez; *b*) Debía dejar que el fósforo se quemara lo más que fuera posible, *c*) Debía encender por lo menos un fósforo cada minuto. Los padres le requerían que se "apresurara" y no conversaban durante tales "sesiones de tratamiento", como solían llamarles. Por cada cuatro horas (excluidas las tres de la sesión de tratamiento) durante las que no se encendían fósforos, Gabriel recibía $ 1.00 y un halago de sus padres. Para el tercer día, Gabriel se había moderado y encendía muy pocos fósforos, a pesar de que sus padres le requerían que lo hiciera. El cuarto día sólo encendió 10 durante las tres horas. El quinto día se negó a quemar más fósforos.

Nosotros procuramos mantener contacto con Gabriel y su familia durante seis meses después de concluido el "tratamiento", y en tal lapso él no jugó con fósforos ni en lugares donde hubiera fuego. Pueden diseñarse programas semejantes para tratar otros problemas como el fumar y el comer dulces.

De paso, podemos afirmar que pedirle a un chico que escriba una y otra vez en el pizarrón "No mascaré goma en clase", no representa un adecuado empleo de la saciación. El niño puede cansarse de escribir y quedar saciado por lo que se refiere al uso del pizarrón, pero no en relación con mascar goma. Si en realidad esto último se considerara un problema serio, mascar cinco o seis paquetes de goma a la vez sería más apropiado (el dentista podría recomendar, sin duda, algún tipo de goma sin azúcar).

La saciación es una manera eficaz de hacer menos motivante un estímulo.

No debe olvidar desarrollar un programa positivo para que no se manifiesten respuestas indeseables. Descubra a sus hijos mientras manifiestan respuestas deseables, y alábelos.

REPASO

Preguntas

1. Cuando se aplica el tiempo fuera debe verificarse que el niño esté encerrado en un sótano oscuro y húmedo.

   ¿Verdadero o falso?

2. Los autores de esta obra recomiendan el empleo de un estímulo positivo para que no se manifieste una conducta indeseable, mientras se aplica una técnica para disminuir la respuesta indeseable.

   ¿Verdadero o falso?

3. Ignorar consiste en : *a*) apartar del niño la mirada; *b*) no hacer expresión facial alguna; *c*) no hacerle ademanes al niño; *d*) no tocarlo, y *e*) no hablarle ni referirse a él.

   ¿Verdadero o falso?

4. El aspecto más importante del tiempo fuera es el *aburrimiento*.

¿Verdadero o falso?

Respuestas

1. Falso.
2. Verdadero.
3. Verdadero.
4. Verdadero.

Tarea

De la lista de conductas por modificar, seleccione una que desee disminuir. Después, siguiendo los cinco pasos (especificación, medición, identificación, programas y evaluación), desarrolle un programa para disminuir la tasa de ocurrencia de las respuestas del niño mediante las técnicas descritas en este capítulo.

Cómo usar contratos con adolescentes

Ya ha adquirido el lector todas las habilidades básicas para ayudar a sus hijos a modificar su conducta. En este capítulo se describe el empleo de contratos entre padres y adolescentes para aumentar la armonía familiar. Aprenderemos aquí cuál es el propósito y la técnica de la contratación, así como un método para acercarse a los hijos cuando se desea emplear un contrato conductual.

PONGA LAS COSAS POR ESCRITO

Los contratos que suscriben los padres con sus hijos adolescentes se han convertido en una herramienta útil para solucionar algunos problemas familiares. La técnica de realizar contratos es una de las más eficaces para resolver tanto conflictos conyugales como aquellos que tienen que ver con la brecha generacional. Además, esta técnica no sólo funciona bien con los adolescentes que presentan problemas de conducta serios, sino también con aquéllos que, siendo felices y bien adaptados, ocasionalmente incurren en conductas inadecuadas.

En pocas palabras, un contrato conductual se basa en los acuerdos a que ambas partes llegan para modificar conductas, y describe los estímulos con que se remunerarán tales modificaciones. Especificar la conducta que ha de modificarse y el respectivo pago que corresponde a cada cual para elaborar un documento que se firma, ayuda a evitar malentendidos y problemas de comunicación. Los contratos ayudan también a mantener a la familia orientada hacia el programa de modificación. Por último, proveen de controles regulares para verificar si el programa funciona o no.

PREPARE EL AMBIENTE PARA LA CONTRATACIÓN

Cuando los padres se disgustan por la conducta de sus hijos adolescentes, a menudo se sientan a charlar con éstos para intentar comprenderlos. Pueden sermonearlos acerca de por qué resulta inaceptable su comportamiento. Generalmente esto no da buenos resultados, aun cuando los hijos pueden bajar la cabeza y prometer portarse mejor.

Una técnica más eficaz consiste en establecer las consecuencias de las conductas de los adolescentes mediante un contrato. Entonces, si ellos prefieren no cumplir con su parte del convenio, las consecuencias de comportarse inadecuadamente se conocen de antemano. De este modo, empiezan a controlar su conducta. En otras palabras, los adolescentes aprenden que pueden elegir las consecuencias de comportarse en cierta forma. Por supuesto, toda conducta tiene consecuencias; generalmente, si un adulto durmiera todo el día podría perder el empleo, si llegara siempre tarde a casa podría perder al cónyuge, o si bebiera mientras conduce un vehículo podría perder la vida. Los contratos conducen a los adolescentes a la adquisición de un "sentido" de autocontrol, y están orientados hacia el fortalecimiento de su preparación para una vida de adulto maduro.

Como hemos señalado, los regaños y las sesiones de razonamiento con los hijos adolescentes son frecuentes, pero rara vez exitosos. En vez de hacer tal cosa, los padres deben sentarse con ellos y comenzar por decirles: "Hijo, tenemos un problema", o "María busquemos una manera de solucionar nuestras diferencias". Tal comentario debe tener un tono de compromiso, más que de enfrentamiento. Un contrato es un compromiso en el que ambas partes establecen lo que desean. A decir verdad, casi siempre los padres toman la iniciativa en la negociación, pero esto no significa que deban señalar los términos del contrato. Por lo general asumen una posición, firme, pero ello se explica por el hecho de que la tradición social y legal atribuye a los padres la responsabilidad de la conducta de sus hijos, sea ésta buena o mala. En consecuencia, los primeros adquieren mayor poder que los adolescentes mediante el contrato. Sin embargo, recomendamos que no lo ejerzan sino como último recurso cuando se presentan problemas graves.

EMPLEE EL CONTRATO

Una vez que los padres preparan el ambiente, el siguiente paso debería ser el decir algo como: "Hay algunas cosas en la familia que nosotros deseamos, y otras que tú quieres. Haremos nosotros una lista de las primeras, y tú haz otra de cuanto deseas de nosotros". Llegando a este punto, los padres deberán enumerar las modificaciones de conducta que desean por parte de sus hijos adolescentes, como el prestar mayor atención a sus deberes escolares, mantener más limpia su habitación y no fumar en casa. Evite presentar a su hijo una interminable y desafiante relación de conductas; es mejor comenzar sólo con dos o tres. El siguiente paso consiste en preguntar al chico: "¿Qué te gustaría que cambiáramos nosotros?" Lo más probable es que él conteste: "Nada". Sin embargo, después de discutir un poco, un chico podría solicitar a sus padres que disminuyan su exigencia respecto al tiempo que le permiten estar fuera de casa los fines de semana, o que dejen de recriminarle su "actitud hacia la escuela". Al respecto, recuerde que debe conservarse la calma y evitar reparos defensivos como: "¡Por ningún motivo un hijo mío va a estar fuera de casa hasta las 2:30 de la madrugada!", o "No nos quejamos de tu desempeño en la escuela; tan sólo estamos preocupados por tu educación".

Después, especifique cuidadosamente las conductas que pretende modificar, y escríbalas. Durante una semana los padres deben medir la línea base de la conducta de sus hijos, en tanto que éstos miden la de sus padres. Los datos deben registrarse en una gráfica o en un cuadro diariamente. En el transcurso de la semana, tanto los padres como los adolescentes deben empezar a enumerar los estímulos: los que desean en lo personal y aquellos que consideran que resultarán agradables para la otra parte.

Una semana después de la primera reunión deberá efectuarse la segunda; para entonces deberán haberse completado los tres primeros pasos del desarrollo de un programa: especificación, medición (de línea base) e identificación. En ese momento puede elaborarse el contrato. Recomendamos que en el primer contrato se requiera que el adolescente modifique sólo una conducta, al igual que los padres. En la página siguiente se ofrece un ejemplo de contrato sencillo.

Después de examinar cuidadosamente el contrato, podrá notarse que las conductas se especifican con todo detalle. También es importante advertir que las consecuencias de las conductas se incluyen inmediatamente después de las conductas especificadas. Por ejemplo, los requerimientos en torno a la hora en que debe llegar la hija van seguidos de lo que obtiene ésta por llegar a tiempo. Además, cada comportamiento da resultados a corto plazo (tal como el pago de $10.00) y a largo plazo (lavado de automóvil por una semana perfecta). Firman entonces el contrato las partes involucradas en él, y finalmente se fija una fecha de renegociación. Cada reunión en que se revise el contrato deberá incluir el examen de las gráficas o cuadros, para constatar la eficacia del programa (evaluación del mismo). En las primeras etapas de la vigencia del contrato deberán programarse reuniones de renegociación frecuentes, a fin de verificar su eficacia y cambiarlo si no está dando resultado.

CONTRATO
15 de mayo de 2007

Cristina acepta llegar a casa, de domingo a jueves, antes de las 9:30 de la noche, y los viernes y sábados antes de las 11:00 p.m.
A cambio, recibirá, $10.00 cada noche que llegue a tiempo.
Asimismo, recibirá $30.00 de recompensa por cada semana perfecta.
El padre y la madre de Cristina aceptan dejar de regañar a Cristina, así como de quejarse y convencerla acerca de sus "violaciones al tiempo permitido fuera de casa".
Si vuelven a hacer cualquiera de tales cosas, pagarán a Cristina $30.00 cada vez que incurran en ello. El señor González y su esposa tendrán derecho a que Cristina lave el automóvil una vez por cada semana perfecta, sin regaños.

_____   _____
      Padre   Madre

          _____
              Cristina

Este contrato será renegociado después de una semana.

Después, cada mes o cada dos meses pueden realizarse reuniones y finalmente las conductas pueden interiorizarse sin ayuda del contrato. El proceso de interiorización puede realizarse con base en un nuevo contrato, el cual debe poder cumplir su cometido ¡por sí mismo!

CONTRATOS POR VARIAS CONDUCTAS A LA VEZ

Es posible utilizar los contratos escritos con éxito para modificar simultáneamente varias conductas de los miembros de la familia.

CONTRATO
15 de agosto de 2007

A. Benjamín está de acuerdo en:
1. Estudiar una hora cada día.
   A cambio, recibirá 2 puntos por cada día que estudie una hora o más.
2. Arreglar su cama diariamente antes de las 7:30 a.m.
   A cambio, recibirá 1 punto por día.
3. Dejar de decirle "maniquí" a su hermana.
   Por cada día perfecto en que no lo haga, recibirá 2 puntos.

Menú diario
   1 punto = 30 minutos de TV.
   2 puntos = $5, además de lo anterior.
   3 puntos = 30 minutos de TV, además de todo lo anterior.
   4 puntos = $5, además de todo lo anterior.
   5 puntos = 90 minutos de TV y $10, además de todo lo anterior.
   (En otras palabras, un día perfecto de 5 puntos hace a Benjamín merecedor de $15 y 2 ½ horas de televisión.)

Menú semanal
   11 puntos = 1 hora de TV.
   22 puntos = 2 horas con papá mientras éste trabaja en la tienda, además de todo lo anterior.
   29 puntos = 3 horas de TV, además de todo lo anterior.
   35 puntos = $30 de premio y el automóvil de la familia durante 2 horas, además de todo lo anterior.

B. Los padres están de acuerdo en:
1. Pasar (ya sea el padre o la madre) una hora al día con Benjamín, ayudándolo a estudiar álgebra.
   A cambio, por cada semana perfecta Benjamín cuidará de su hermana menor una noche, durante el fin de semana.
2. Dejar de decirle: "¿Por qué no eres como tu hermano mayor?" Si no cumplen, pagarán a Benjamín $5 cada vez. Por cada semana perfecta, Benjamín podará el césped el sábado, entre las 9:00 y las 12:00 a.m.

_____   _____
     Padre   Madre

                    _____
                         Benjamín

Este contrato será renegociado el 27 de agosto de 2007.

Sin embargo, por lo general es más fácil emplear un sistema a base de puntos para manejar más de un comportamiento. En la página anterior se presenta un ejemplo de un contrato más complicado, celebrado en este caso entre Benjamín, de 16 años de edad, y sus padres. Obsérvese que las conductas por modificar están seguidas de puntos que pueden canjearse por elementos de un "menú", los cuales aparecen al final del contrato.

Los dos menús, el diario y el semanal, fueron diseñados para proporcionar estímulos de corto y largo plazo, a fin de mantener la conducta deseada. El sistema de puntos requirió cierta contabilidad sencilla por parte de los padres, pero éstos la manejaron muy bien con ayuda de la siguiente gráfica:

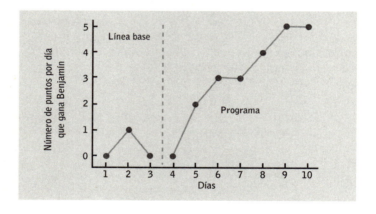

Como se muestra en la gráfica, las conductas de Benjamín relacionadas en el contrato se volvieron mucho más aceptables al décimo día del programa. A fin del primer mes, aquél empezó a ganar todos sus puntos cada semana, y los padres cambiaron gradualmente el programa para internalizar las respuestas. En cierta ocasión, y de manera incidental, los padres de Benjamín lo compararon con su hermano mayor. Cumplidamente, le pagaron al primero $ 5.00, tal como habían convenido antes, y los tres se rieron del incidente.

LISTA DE REQUISITOS PARA CONTRATOS

Mientras se emplea un contrato debe estarse seguro de haber considerado lo siguiente:

1. Un contrato requiere algo de ambas partes. Un "contrato" unilateral no es realmente un contrato.
2. Estar seguro de que se especificaron cuidadosamente las conductas que han de modificarse.
3. Medir la línea base de las conductas y seguir midiendo éstas durante el programa y después.
4. Prever un conjunto de estímulos que podrían usarse en el contrato.
5. Poner a continuación de cada requerimiento conductual las consecuencias estímulo, cuando se escribe el contrato.
6. Usar un sistema de puntos si se desea modificar varias conductas a la vez.
7. Ambas partes deben firmar el contrato. En raras ocasiones el chico puede negarse a hacerlo.
8. Incluir una cláusula de renegociación y asegurar la verificación periódica de la eficacia del contrato.
9. Cambiar cualquier contrato que no resulte eficaz, a la semana o a las dos semanas. Lo más importante es recordar que no debe abandonarse la contratación por el hecho de que uno o dos contratos no hayan dado buenos resultados. En algunas familias, después de intentar con cuatro o cinco contratos, finalmente se obtiene un programa eficaz.

REPASO

Preguntas

1. El uso del poder unilateral de los padres se recomienda mucho en este capítulo.

    ¿Verdadero o falso?

2. Las mediciones de línea base y el éxito del programa no se requieren cuando se emplea un contrato.

    ¿Verdadero o falso?

3. Se recomienda un sistema de puntos para modificar varias conductas a la vez.

    ¿Verdadero o falso?

4. En un contrato deben incluirse estímulos tanto de corto como de largo plazo.

¿Verdadero o falso?

Respuestas

1. Falso.
2. Falso.
3. Verdadero.
4. Verdadero.

Tarea

Si tiene un hijo adolescente, elabore un contrato en la forma descrita en este capítulo. No debe olvidar especificar la conducta, medir (la línea base), identificar los estímulos, desarrollar el programa (contrato) y evaluar (el programa). Siga la lista de requisitos.

Cómo aplicar la paternidad positiva a ciertos problemas comunes

Para demostrar cómo podemos aplicar con éxito los principios de la paternidad positiva a una diversidad de problemas, en seguida incluimos breves descripciones de programas reales desarrollados por padres de familia que nos han consultado en forma particular. Es obvio que cada padre de familia deberá elaborar su propio programa de acuerdo con su peculiar situación, ya que los siguientes casos sólo se ofrecen para ilustrar cómo es posible aplicar los principios de la paternidad positiva, y la forma en que los han empleado otras personas para ayudar a sus hijos. El lector conoce ya la mayoría de los detalles que están implicados en la paternidad positiva, de tal manera que lo siguiente se presenta en forma de bosquejo. Cuando el lector emplee uno de estos programas, debe asegurarse de aplicar a lo largo del mismo los principios de interiorización y modelamiento.

CONDUCTAS AGRESIVAS

Las conductas agresivas son aquellas que pueden causar daño a otros, ya sea físico o psicológico. Conductas problema como pegarle a otros, burlarse de ellos, ofenderlos, hacer rabietas (arrojarse al suelo, gritar y pegarle a los muebles, por ejemplo) y usar palabras inadecuadas para llamar a los demás (como "títere", "idiota" etc.), generalmente se describen como respuestas agresivas. Casi siempre el tiempo fuera alternado con los halagos y otros estímulos positivos por no manifestar la respuesta, resultan suficientes para controlar las conductas agresivas. Las multas pueden constituir una opción útil cuando otros recursos no funcionan.

Tal tipo de conductas a menudo tienen un fuerte impacto en los padres. Éstos pueden frustrarse por su incapacidad para detener los golpes o las rabietas y perder el control al gritarles a sus hijos e incluso pegarles a éstos severamente. Al modificar las respuestas agresivas de los chicos es importante evitar las respuestas que generalmente manifiestan los padres a causa de las agresiones de sus hijos. Entre tales respuestas de los padres se pueden citar los regaños, el provocar vergüenza, los gritos, las zurras y los argumentos. Por lo contrario, debe guardarse compostura y no permitir que los hijos obtengan una ganancia: la atención de los padres.

A continuación se bosquejan tres programas que fueron aplicados por los padres para modificar las conductas agresivas de sus hijos, niños y adolescentes. Al aplicar este tipo de plan, debemos tener muy presente la utilización de las técnicas del tiempo fuera y la de implantación de multas, y hacerlo *inmediatamente* después de la conducta. Recordemos que no hay que esperar el éxito inmediato, ya que la conducta se aprende a pasos lentos. La desaparición de las conductas agresivas puede llevar, incluso, varias semanas.

Cabe decir que, cuando los padres encuentren a sus propios hijos peleando entre sí, no conviene llamarlos para aclarar quién comenzó la riña; por el contrario, los dos niños deberán someterse a tiempo fuera, o bien a las mismas consecuencias. Debido a que la mayoría de las veces resulta imposible determinar quién inició la pelea, los padres no deben intentar adivinar.

CASO 1.
Rosita (11 años)

Especificación. Disminuir el número de veces por día que le pega a su hermano o hermana

Medición (*de línea base*):

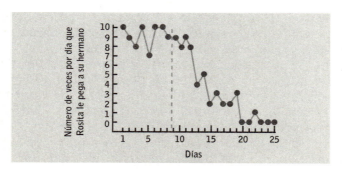

Identificación. Patinar, escuchar discos y pasear a caballo con su padre.

Programa:
1. Cada vez que golpea a sus hermanos se le somete a tiempo fuera 11 minutos.
2. Cada día perfecto (no le pega) se gana el derecho a oír discos durante dos horas, además de recibir halagos de sus padres.
3. Por cada semana perfecta se gana un paseo a caballo con su padre y una noche de patinaje.

Evaluación (del programa). Véase medición.

CASO 2.
Tomás (4 años)

Especificación. Disminuir el número de rabietas por día (arrojarse al suelo, gritar, contener el aliento).

Medición (de línea base):

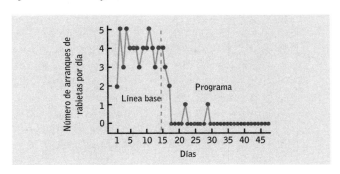

Identificación. Dulces, ver televisión, monedas y divertirse con juguetes.

Programa:
1. Ignorar cualquier rabieta (salirse de la habitación si es necesario).
2. Por cada tres horas perfectas se gana un pedazo de dulce, además de los halagos de sus padres.
3. Cada día perfecto se gana el derecho a ver televisión y una moneda de $1.00.

Evaluación (del programa). Véase medición.

CASO 3.
Gaby (16 años)

Especificación. Disminuir el número de veces por día que le dice "gorda" a su hermana de 13 años.

Medición (*de línea base*):

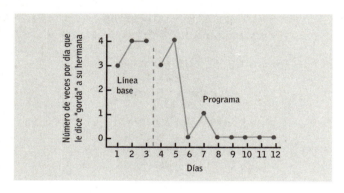

Identificación. Usar el automóvil de la familia, mesada y raqueta de tenis.

Programa:
1. Cada vez que llama a su hermana en la forma indicada le cuesta $1.00 que se descuenta de lo que suele dársele semanalmente; el restante (de haberlo) se le da el sábado.
2. Cada día perfecto se gana el derecho a usar automóvil de la familia al día siguiente.
3. Cada 30 días perfectos se gana una nueva raqueta de tenis.

Nota. Se emplea contrato.

Evaluación (del programa). Véase medición.

CONDUCTAS DELICTUOSAS

Este tipo de conductas se refieren a aquellos comportamientos que pueden llevar a una persona a enfrentamientos con los guardianes de la ley y del orden. Por ejemplo, provocar incendios, robar, escaparse de casa o cometer actos vandálicos.

La investigación realizada en familias de chicos que roban sugiere que los padres a menudo han sido excesivamente tolerantes respecto de las conductas indeseables de aquéllos. Es fácil comprender lo anterior, puesto que cosas como el hurto son difíciles de ignorar. Sin embargo, el tratamiento exitoso del hurto en niños y adolescentes requiere que los padres aumenten sus interacciones positivas, como los halagos y el interés en las conversaciones con sus hijos, y que disminuyan sus interacciones negativas, como las maldiciones, las quejas, los regaños, los sermones y las argumentaciones. ¡Recuerde que hay que descubrir a los hijos manifestando conductas deseables!

CASO 4.
Andrea (5 años)

Especificación. Disminuir el número de veces por semana que enciende fósforos o fogatas.

Medición (de línea base):

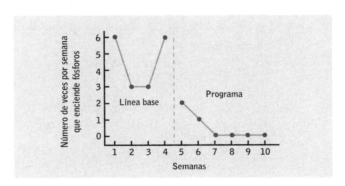

Identificación. Ver televisión y lectura por parte de la madre, antes de dormir.

Programa:
1. Cada vez que enciende fósforos se le hace quemar éstos durante dos horas (saciación).
2. Por cada día perfecto se gana el derecho a que la madre le lea algo antes de dormir, además de permiso de ver la televisión al siguiente día y halagos de sus padres.

Evaluación (del programa). Véase medición.

CASO 5.
Daniel (10 años)

Especificación. Disminuir el número de veces por semana que trae a casa objetos ajenos (hurto).

Medición (de línea base):

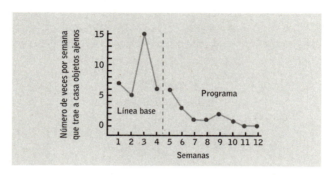

Identificación. Mesada, paseo en bicicleta y escuchar radio.

Programa:
1. Cada vez que hurta algo recibe 10 minutos de tiempo fuera.
2. Por cada día perfecto se gana el derecho a pasear en bicicleta y a escuchar el radio el siguiente día.
3. Por cada día perfecto se gana $5.00 (que se le pagan el mismo día), así como halagos de los padres.
4. Cada semana perfecta le da derecho a un premio de $25.00.

Nota. Deben incrementarse las interacciones positivas de los padres con el hijo, y disminuirse las negativas.

Evaluación (del programa). Véase medición.

CASO 6.
Roberto (15 años)

Especificación. Disminuir el número de veces por mes que pasa toda la noche fuera de casa sin permiso de los padres.

Medición (*de línea base*):

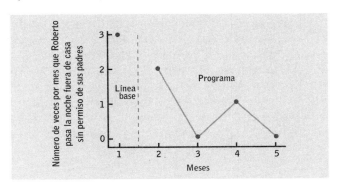

Identificación. Pasear en motocicleta y mesada.

Programa: 1. Cada vez que permanezca toda la noche fuera de casa le costará la mitad de su mesada; el restante (si lo hubiera) se le dará el sábado.
2. Por cada siete días perfectos consecutivos se ganará el derecho a pasear en motocicleta, hasta que vuelva a pasar la noche fuera de casa. Por tanto, deben transcurrir otros siete días consecutivos para tener derecho a pasear en motocicleta.

Evaluación (del programa). Véase medición.

CONDUCTAS ALIMENTARIAS

Algunas conductas alimentarias implican el exceso en el comer, o bien no comer lo suficiente, así como el mal uso de los cubiertos. En el caso de que un niño o adolescente pese demasiado o muy poco, será necesario llevarlo con el pediatra o con el nutriólogo, a fin de determinar el peso ideal y para que este especialista le recomiende una dieta nutritiva y balanceada, según su estatura y edad.

Cuando un niño adolescente presenta exceso o falta de peso por lo general se convierte en objeto de atención negativa por parte de sus padres, así como de los demás familiares y compañeros y amigos. Las bromas reiteradas y apodos por el hecho de ser delgado o gordo ciertamente resultan penosas para los chicos, lo cual probablemente haga más difícil para los padres discutir el tema con ellos, ya que pueden estar muy sensibles a cualquier tipo de mención que se haga acerca de su peso. Como es el caso de la mayoría de las conductas problema, los argumentos son de poco valor. Decirle a Carlos que su exceso de peso acortará el tiempo de vida, que le hace perder el atractivo para las chicas, y que provoca una disminución de su autoestima, probablemente tenga un efecto muy limitado. La mayoría de los hijos con exceso o falta de peso han *aprendido* a comer mucho, o muy poco. Sin embargo, los padres pueden ayudarlos a ganar o perder peso, enseñándoles hábitos de alimentación más apropiados. Tal enseñanza toma tiempo completo, y requiere de los padres constancia y paciencia.

CASO 7.
Alicia (14 años)

Especificación. Disminuir el peso semanalmente de acuerdo con las indicaciones del médico (medido los viernes a las 7:15 de la mañana).

Medición (de línea base):

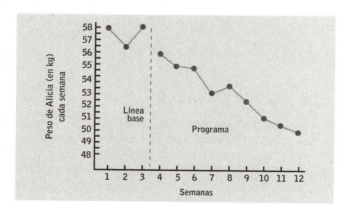

Identificación. Discos de Shakira, uso de Internet, concierto de rock, mesada y permiso de usar el teléfono.

Programa: 1. El médico de la familia prescribió cierta dieta y señaló que el peso ideal era de 50 kilogramos.
2. Se usó el siguiente contrato:

> **CONTRATO**
> *11 de octubre de 2007*
>
> Alicia está de acuerdo en:
>
> a) Emplear cuando menos 25 minutos para acabarse cada comida (comer despacio). A cambio, recibirá $ 5.00, más halagos de los padres.
>
> b) No comer entre una comida y otra golosinas como dulces y galletas (se permite ingerir apio y zanahorias). A cambio, ganará el derecho a usar la Internet durante una hora después de la cena, y el teléfono por un tiempo total de 30 minutos. Si toma alimentos entre comidas se le someterá a tiempo fuera durante 14 minutos y no usará la Internet ni el teléfono.
>
> c) Bajar de peso semanalmente, pesarse los viernes a las 7:15 de la mañana. A cambio, usará la Internet, o bien recibirá un boleto para el concierto de rock (si también asiste a éste su hermano mayor), además de recibir halagos de sus padres.
>
> Los padres están de acuerdo en:
>
> > Dejar de discutir con Alicia el "problema del peso", incluyendo quejas, argumentos, sermones y regaños. Si mencionan tal problema, ella recibirá inmediatamente $ 5.00
> > Por cada semana perfecta de los padres, Alicia preparará la cena el domingo y limpiará la cocina después.
>
> _____   _____
> Papá   Mamá
>
> _____
> Alicia
>
> Este contrato será renegociado en 30 días.

Evaluación (del programa). Véase medición.

CASO 8.
Javier (10 años)

Especificación. Aumentar el número de comidas al día en que usa adecuadamente el cuchillo, el tenedor y la cuchara.

Medición (de línea base):

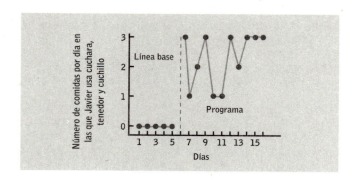

Identificación. Discos de rock, jugar juegos de mesa, pasear en bicicleta y mesada.

Programa:
1. Cada comida en la que use adecuadamente el cuchillo, el tenedor y la cuchara le da derecho a $ 2.00, más halagos por parte de los padres.
2. Por cada día perfecto se gana el permiso de pasear en bicicleta al día siguiente, así como halagos de los padres.
3. Cada semana perfecta le da derecho a pasar con el padre tres horas jugando juegos de mesa.
4. Por cada dos semanas perfectas se gana un disco, más halagos de los padres.

Evaluación (del programa). Véase medición.

HÁBITOS

Entre los hábitos se incluyen conductas irritantes como morderse las uñas, chuparse el dedo e introducirse los dedos en la nariz. Frente a este tipo de conductas, los padres generalmente tratan de recordarles a los hijos: "No te chupes el dedo", o "Sólo los bebés se chupan el dedo". Aún más irritante resulta para los padres el hábito de morderse las uñas, sobre todo en el caso de hijos un poco grandes. Tales hábitos a menudo se vuelven más severos cuando los padres prestan una atención negativa a los mismos. Una poderosa técnica para eliminar hábitos como el de chuparse el dedo y morderse las uñas es la de ignorar.

CASO 9
Diana (3 años)

Especificación. Disminuir el número de horas por día en los cuales se chupa el dedo.

Medición (de línea base):

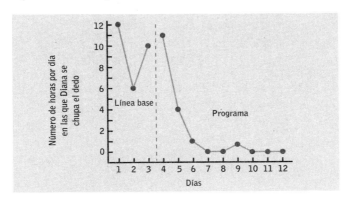

Identificación. Goma de mascar sin azúcar, ver la televisión y jugar con el triciclo.

Programa:
1. Cada cinco o 10 minutos los padres la observan. Si no se está chupando el dedo, le dan un pedazo de goma de mascar sin azúcar y la alaban. Si lo está haciendo abandonan inmediatamente la habitación (cuando menos por un minuto), sin hacer comentarios.
2. Por cada hora perfecta se gana el derecho a ver televisión (hasta que se chupa el dedo otra vez), así como halagos por parte de los padres.
3. Cada día perfecto se gana la atención de la familia durante la cena (aplausos, halagos y abrazos de los padres).

Evaluación (del programa). Véase medición.

CONDUCTAS DE DESOBEDIENCIA

Las quejas más frecuentes de los padres se relacionan con el problema de la desobediencia. Bajo el encabezamiento general de desobediencia quedan comprendidas las conductas en las que no acatan las indicaciones de los padres, rehusarse a llegar a tiempo a casa y no terminar los quehaceres hogareños que se encomiendan. No hay cosa que más exaspere a los padres que el hecho de que el niño o un adolescente no obedezca instrucciones o las reglas que rigen en casa. Por lo general, los continuos sermones y recordatorios no dan por resultado la obediencia. Sin embargo, existen varias técnicas muy eficaces para ayudar a los hijos a aprender la forma de acatar indicaciones.

Una advertencia: debe estar seguro de que su niño oye bien. Algunos niños de quienes se piensa que son desobedientes, en realidad son sordos o parcialmente sordos. El pediatra o el médico de la familia pueden diagnosticar las dificultades auditivas; en caso de duda, consulte con ellos.

CASO 10.
Ricardo (6 años)

Especificación. Aumentar el porcentaje de instrucciones que acata en un lapso de 20 segundos a partir de que los padres las emiten.

Medición (de línea base):

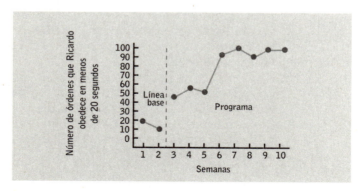

Identificación. Paseos en bicicleta, un nuevo balón de basquetbol, aro para jugar tal deporte, así como mesada.

Programa: 1. Cada vez que acate las instrucciones de sus padres en un lapso de 20 segundos a partir de que

éstos las emiten, recibe halagos de ellos. Si no obedece, se le somete a tiempo fuera durante seis minutos.
2. Cada día perfecto gana $ 3.00, que se le dan a la hora de cenar, así como halagos de los padres y atenciones de toda la familia.
3. Los padres cortan en 10 partes una gran figura alusiva al basquetbol. Se requiere obedecer 45 % de las órdenes de los padres durante cada una de las tres primeras semanas, para ganar una pieza por semana. De ahí en adelante será necesario acatar 75 % de las instrucciones para obtener una pieza (principio de pasos cortos). Después de completar la figura se ganará un balón y un aro de basquetbol, así como halagos de los padres.

Evaluación (del programa). Véase medición.

CASO 11.
Lilia (17 años)

Especificación. Incrementar el número de noches por semana que llega a casa a tiempo (9:00 p.m. de domingo a jueves, y 11:30 p.m. viernes y sábado).

Medición (de línea base):

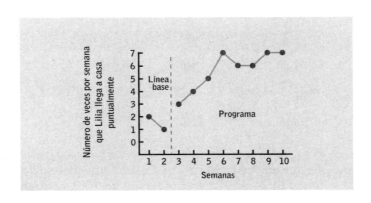

Identificación. Usar el automóvil de la familia, mesada y secador de cabello.

Programa:
1. Por cada día perfecto gana $ 10.00, más halagos de sus padres.
2. Cada semana perfecta le da derecho a usar el automóvil de la familia durante el fin de semana, además de un premio de $ 15 y halagos de sus padres.
3. Un mes perfecto le hace ganar un nuevo secador de cabello, "de lujo", así como halagos de los padres.

Evaluación (del programa). Véase medición.

CASO 12.
Carlos (12 años)

Especificación. Aumentar el número de quehaceres realizados por día, sin que los padres tengan que recordárselos (arreglar la cama, poner la ropa en el lugar apropiado y colgar la toalla húmeda para que se seque, todo ello hasta las 7:30 a.m. diariamente; haber barrido la entrada para el automóvil antes de las 6:00 p.m., y lavado los trastos de la cena a las 8:00 p.m.).

Medición (de línea base). En este caso se usará un cuadro:

Semana 1

L	M	M	J	V	S	D
☺☺	☺✗	✗✗	☺✗	✗✗	☺✗	✗✗
✗✗	✗✗	✗✗	✗✗	✗✗	✗✗	✗✗
✗	✗	✗	✗	✗	✗	✗

Nota: Las caras sorientes indican que las tareas se han cumplido oportunamente, sin que se haya solicitado su realización, en tanto que una **✗** señala que se ha fallado en la puntualidad.

Identificación. Juegos mecánicos, ver televisión y jugar futbol con su hermano mayor.

Programa:
1. Cada quehacer realizado le da derecho a 15 minutos de televisión.
2. Un día perfecto le hace ganar un total de dos horas de televisión.
3. Por cada dos días perfectos consecutivos tiene derecho a jugar una hora futbol con su hermano mayor.
4. Tres semanas perfectas consecutivas le dan derecho a ir al parque de diversiones y subirse a los juegos mecánicos.

Evaluación (del programa):

Semana 2

L	M	M	J	V	S	D
☺☺	☺☺	☺☺	☺☺	☺☺	☺☺	☺☺
☺☺	☺☺	☺☺	☺☺	☺☺	☺✗	☺☺
☺	✗	✗	☺	☺	✗	☺

Semana 3

L	M	M	J	V	S	D
☺☺	☺☺	☺☺	☺☺	☺☺	☺☺	☺☺
☺☺	☺☺	☺☺	☺☺	☺☺	☺☺	☺☺
✗	☺	☺	✗	☺	☺	☺

CONDUCTAS ESCOLARES

No todos los niños encuentran la escuela como algo divertido o gratificante. Esta es la causa por la cual algunos de ellos evitan activamente asistir a la misma, o bien, asisten pero no cumplen en la forma adecuada con los trabajos en clase o con las tareas. Otros más incluso pueden ejercer influencias perturbadoras en el aula, con lo cual interfieren en la educación de sus compañeros.

Cuando un chico presenta conductas inaceptables en la escuela los padres suelen sentirse inquietos en extremo, ya que están conscientes de la importancia de contar con una educación formal que les ayude para su futuro. Por desgracia, generalmente los padres no pueden orientar las conductas de sus hijos en la escuela en forma diaria o semanal y, en consecuencia, son incapaces de desarrollar programas eficaces para solucionar este tipo de problemas.

Cuando un padre ofrece a su hijo dinero o un automóvil nuevo "si obtiene excelentes notas en el semestre", no está aplicando el principio de pasos cortos o el requerimiento de "inmediatez" para motivar con éxito a su hijo que está obteniendo notas bajas en la escuela. Ambos principios son de una importancia capital y deben formar parte de un programa que pretenda ser exitoso.

Otro problema que a menudo surge consiste en que los padres no saben si sus hijos han estudiado, asistido a clases o si se han comportado debidamente en la escuela día tras día. ¿Cómo pueden entonces desarrollar programas eficaces para maximizar los potenciales académicos de sus hijos? Una respuesta la constituye la Tarjeta de Control Escolar.

La Tarjeta de Control Escolar (TCE) toma en cuenta el hecho de que el maestro del chico es quien mejor observa los progresos académicos y la conducta de éste en la escuela, así como el hecho de que los padres son quienes tienen acceso a los estímulos más poderosos (ver televisión, usar el automóvil, escuchar el reproductor de CD's, mesada y ropa). La TCE permite a los padres llevar un registro de la conducta escolar diaria de sus hijos, a fin de ofrecer estímulos para lograr un desempeño deseable. A continuación se muestra un ejemplo de TCE.

Estudiante _____ Escuela _____
Fecha _____ Conducta requerida _____

Materia	Lunes	Martes	Miércoles	Jueves	Viernes

Observaciones _____

Supongamos que el chico para el cual se concibió la tarjeta sólo tuvo tres cursos que requirieron realizar tareas en casa, pero rara vez completó cualquiera de ellas. Entonces él mismo entrega la tarjeta a cada maestro y éste escribe "sí" en caso de que la tarea se haya completado, y "no" si se le asignó una tarea al alumno pero éste no la entregó durante la siguiente clase. Después el chico lleva su TCE a casa y canjea los puntos ganados por estímulos como halagos, permisos para ver televisión y escuchar discos.

Deben seguirse cuidadosamente varios pasos:

1. Reúnase con cada uno de los maestros y con el director de la escuela, si es posible, para explicarles en detalle el empleo de la tarjeta.
2. Pida a cada maestro que llene la tarjeta cada día con "sí" o "no" (los chicos podrían convertir fácilmente una N en S), así como con una firma.
3. Durante las dos primeras semanas del programa deben tenerse frecuentes contactos con los maestros, para asegurarse de que el chico no ha falsificado las firmas de los maestros. Deben efectuarse verificaciones eventuales en lo sucesivo.
4. No deben aceptarse excusas por no presentar la tarjeta. Si el chico dice que "se la robaron" o "se le perdió", simplemente dé por hecho que no obtuvo ningún "sí" ese día (hemos oído algunas excusas increíbles, así que hay que advertirles esto a los hijos de antemano).
5. Debe uno cerciorarse de planear los estímulos que pueden ganarse diaria y semanalmente.
6. Elaborar un contrato con el chico, a fin de especificar claramente cuáles estímulos podrán obtenerse.

No debe olvidar alabar cada conducta que se aproxime a la deseada. Si observa a su hijo estudiando, déle una palmada y dígale que está contento por ver que se ocupa de sus tareas escolares. Los hábitos de estudio apropiados se aprenden gradualmente, a pequeños pasos; por tanto, debe recompensar todos y cada uno de los pequeños progresos. Quejarse de que un adolescente carece de hábitos de estudio, o de sus actitudes negativas hacia la escuela, sólo contribuye a generar mayor resistencia al estudio. Descubra a sus hijos haciendo algo deseable y halágelos. Una TCE, junto con un contrato claro entre padres e hijos, deberá propiciar una conducta escolar deseable con mayor probabilidad.

CASO 13.
Eduardo (15 años)

Especificación.   Aumentar el número de tareas escolares que completa cada semana, en las materias de historia y matemáticas.

Medición (de línea base):

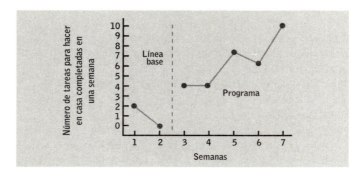

Identificación.   Mesada, ropa de moda, pósters de bandas de rock, CD's y ver televisión.

Programa:
1. Elabore una Tarjeta de Control Escolar, y describa ésta a los maestros y al director.
2. Elabore un contrato como se muestra en la página siguiente.

Evaluación (del programa). Véase medición.

ENTRENAMIENTO PARA CONTROL DE ESFÍNTERES

Tal entrenamiento incluye problemas como orinarse en la cama y defecar con los pantalones puestos. Generalmente se puede entrenar a los niños para que usen el cuarto de baño durante el día, entre los dos y los tres años. Por lo común, el acto de orinarse en la cama puede erradicarse a la edad de cuatro o cinco años. Los pasos cortos son muy importantes. Por ejemplo, si el niño defeca con los pantalones puestos, dentro del cuarto de baño pero sin usar el retrete, alábelo a la vez que lo anima para que se aproxi-

CONTRATO
27 de julio de 2007

Eduardo está de acuerdo en traer diariamente a casa la TCE. A cambio, recibirá ítemes de este menú:

        Menú

Diariamente:

        1 punto = 1 hora de televisión
        2 puntos = $5.00 más una hora adicional de televisión.

Semanalmente:

        5 puntos = $10.00 adicionales de mesada.
        7 puntos = 2 horas de televisión durante el fin de semana, además de lo anterior.
        10 puntos = 2 horas de televisión adicionales y $10.00 de mesada, además de todo lo anterior.

Premios:

        30 puntos = 1 álbum de discos.
        40 puntos = 1 camisa.

Los padres están de acuerdo en dejar de quejarse ante Eduardo por las calificaciones de éste y de su "poquísima autodisciplina". Si lo hacen, limpiarán la habitación de Eduardo el sábado. Una semana perfecta les da derecho a que Eduardo recorte el césped el sábado.

Este contrato será renegociado en 28 días.

_____   _____
    Papá   Mamá

_____
Eduardo

me a la conducta final deseable: bajarse los pantalones y la ropa interior, sentarse en el retrete y estimular la deyección. El criticar que se orinen en la cama y defequen con los pantalones puestos no se recomienda. Ignore tales hechos en niños pequeños, y alábeles animadamente cuando dejen seca la cama y limpia la ropa interior. Los niños más grandes, por otra parte, a menudo pueden responder en forma deseable si se les pide que limpien su propia cama, después de haberse orinado en ella, o su ropa interior.

CASO 14.
Elizabeth (2 ½ años)

Especificación. Aumentar el número de días por semana en que estimula la deyección en el retrete.

Medición (*de línea base*). En este caso se usará un cuadro:

Semana 1

L	M	M	J	V	S	D
X	X	X	X	X	X	X

Identificación. Lectura de cuentos por parte de la madre y goma de mascar sin azúcar.

Programa:
1. Durante la semana 2 se le premia con halagos, la lectura de un cuento y un trozo de goma de mascar, por sentarse cinco minutos en el retrete (el acto de sentarse se practica tres veces al día).
2. Durante la semana 3, Elizabeth se gana los estímulos antes citados si estimula la deyección en el cuarto de baño. Si ella está a punto de defecar, uno de los padres puede tomarla en brazos y llevarla rápidamente al retrete; ¡esto también cuenta!
3. Durante la semana 4 se gana el estímulo sólo si ha realizado un intento en el retrete.
4. Por cada día perfecto (ropa interior limpia durante todo el día) tiene derecho a un estímulo: una gran cara sonriente en el cuadro y halagos de los padres.

Evaluación (del programa). Véase medición.

Semana 2

L	M	M	J	V	S	D
✗	✗	☺	✗	✗	✗	✗

Semana 3

L	M	M	J	V	S	D
☺	✗	☺	☺	✗	☺	☺

Semana 4

L	M	M	J	V	S	D
☺	✗	☺	☺	☺	☺	☺

CASO 15.
Guillermo (4 años)

Especificación. Incrementar el número de días por semana que no se orina en la cama.

Medición (*de línea base*):

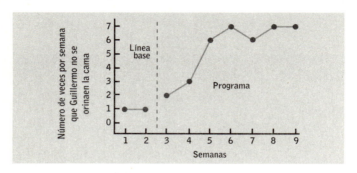

Identificación. Monedas, halagos de los padres y ver televisión por la mañana.

Programa:
1. Cada día que la cama amanece seca le da derecho a $ 2.00 además de permiso de ver televisión inmediatamente después de que lo alaban sus padres.
2. Cada vez que la cama amanece orinada se le retrasa una hora el permiso de ver televisión (y no se le da dinero ni recibe halagos).

Evaluación (*del programa*). *Véase medición.*

PROBLEMAS RELATIVOS AL DORMIR

Tales problemas incluyen diversas conductas, como el que un niño se niegue a acostarse a dormir, dificultad para que deje la cama por la mañana, pesadillas y el que los niños pequeños se levanten de la cama durante la noche y deambulen por la casa.

Este tipo de problemas se solucionan de igual manera que otras respuestas indeseables. Puesto que muchas alteraciones del dormir se aprenden, se corrigen mediante técnicas de paternidad positiva.

CASO 16.
Carolina (8 años)

Especificación. Aumentar el número de noches por semana que se acuesta a dormir a las 9:00 p.m. sin que se le pida.

Medición (*de línea base*):

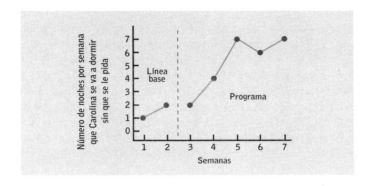

Identificación. Cine para niños el sábado por la tarde, bocadillos después de llegar de la escuela, una barra de dulce como parte del almuerzo, así como halagos de los padres.

Programa:
1. Por cada noche que se acueste temprano, al otro día recibirá una barra de dulce como parte de su almuerzo, así como halagos de sus padres.
2. Por cada noche de viernes perfecta tiene derecho a ir al cine el sábado por la tarde, además de recibir halagos de los padres.
3. Cada noche de sábado perfecta le da derecho a tomar el desayuno en la cama el domingo, así como a recibir halagos de los padres.

Evaluación (del programa). Véase medición.

CONDUCTAS SOCIALES

Un constituyente más importante de la competencia y autoconfianza del niño es la conducta social apropiada. Los problemas de conductas sociales incluyen la interrupción de conversaciones por parte de niños y la falta de cooperación al jugar. Las conductas sociales de los niños están muy influidas por los modelos adultos, particularmente los padres y familiares; en consecuencia, tenga cuidado con las propias respuestas y conductas en situaciones sociales.

Pero las conductas sociales de los niños no solamente reciben su influencia de modelos, sino que también se retroalimentan con las respuestas que obtienen a partir de dichos comportamientos. Por ejemplo, cuando un niño llora constantemente en la escuela aprende que al llorar puede convertirse en el centro de atención. Si una niña interrumpe la conversación de sus padres con otros adultos y obtiene atención, aprende también que puede convertirse en el centro de atención. Es difícil ignorar a un niño que estropea el juego de otros pequeños al romper los juguetes o al esconderlos, ya que por lo común tanto niños como adultos prestan atención a este tipo de comportamientos. Un supermercado puede convertirse en el sitio ideal para que el niño tenga sus arranques de cólera. Si la mamá se niega a comprarle un dulce, será difícil ignorar las respuestas indeseables del pequeño. Por ello, es común que los padres sucumban a las coerciones de sus hijos, de tal manera que, por ejemplo, les compran el dulce o lo que estén pidiendo, con tal de terminar con la escena de rabietas que los pone en vergüenza frente a los demás en la tienda. Pero hacerlo, es decir, sucumbir a la rabieta del pequeño, es como conducir activamente al niño a enseñar al padre. En la tienda, por ejemplo, el niño enseña a la madre que no la avergonzará con sus rabietas si ella le compra una golosina.

Se ofrecen algunas soluciones a continuación. No debe olvidarse el prestarle atención al chico cuando manifieste conductas sociales deseables.

CASO 17.
Enrique (5 años)

Especificación. Disminuir el número de días por semana en que interrumpe a sus padres.

Medición (*de línea base*):

Semana 1

L	M	M	J	V	S	D
X	☺	X	X	X	X	X

Nota: La cara sonriente indica un día perfecto.

Identificación.   Atención de los padres y ver televisión.

Programa: 1. Cada vez que interrumpe se le somete a tiempo fuera durante cinco minutos.
2. Por cada tres horas perfectas se gana una hora de televisión, además de halagos de los padres.
3. Cada día perfecto le da derecho a recibir halagos de los padres, a una cara sonriente en el cuadro y a caminar por la calle en compañía de su padre.

Evaluación (del programa). Véase medición.

Semana 2

L	M	M	J	V	S	D
☺	✗	✗	☺	☺	☺	☺

Semana 3

L	M	M	J	V	S	D
☺	☺	☺	☺	☺	☺	☺

CASO 18.
Elena (7 años)

Especificación.   Disminuir el número de rabietas (arrojarse al suelo, decir "te odio" y patalear) por visita a la tienda de comestibles.

Medición (de línea base):

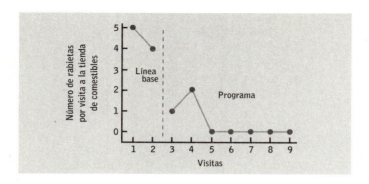

Identificación. Golosinas, jugar con sus amigos y dinero.

Programa:
1. Cada vez que hace rabietas se le somete a siete minutos de tiempo fuera al regresar a casa.
2. Cada visita perfecta le da derecho a una golosina al regresar a casa, además de recibir 50 centavos y halagos de los padres.

Evaluación (del programa). Véase medición.

OTROS PROBLEMAS

Hasta aquí hemos tratado soluciones a algunos de los problemas que con más frecuencia plantean los padres. Sin embargo, existen también problemas especiales que éstos afrontan y que requieren soluciones especiales. Entre ellos pueden mencionarse el divorcio, las alteraciones en el desarrollo de los niños (aquellas denominadas "retardo", "lento aprendizaje", "disfunción cerebral mínima", "alteraciones en el aprendizaje", "hiperactividad", etc.) y el abuso por parte de los chicos de ciertas sustancias (alcohol, marihuana, cigarrillos, etcétera).

Divorcio. En Estados Unidos, la tasa de divorcio alcanza 60 %. A menudo los hijos de padres divorciados caen en el desorden innecesariamente. Tanto durante el divorcio como después de él, los padres deben mantener la disciplina con constancia. Aun cuando la tensión de la separación y el divorcio pueden resultar arduas, es esencial que los padres se pongan de acuerdo en los estándares de conducta que deben satisfacer sus hijos, así como en los métodos para ayudar a éstos a mantener tales estándares. Por ejemplo, confunde y es potencialmente dañino el hecho de que uno de los padres tolere que un adolescente beba, mientras el otro castiga la misma conducta.

Además, los hijos aprenden a manipular a los padres diciéndole a uno de ellos las terribles cosas que el otro afirma. Por ejemplo: "Mamá dice que tú nunca nos compras nada", puede ser la respuesta que aprenda un chico porque cada vez que la manifiesta el padre le compra más cosas. Los padres que se divorcian deben evitar los comentarios negativos respecto del otro cónyuge delante de los hijos, ya que ello contribuye a infundirles a éstos estilos de interacción padre-hijo negativos y manipuladores.

¿Cómo pueden minimizar los padres la perturbadora influencia al anunciarles a sus hijos que están por divorciarse? La moderación es muy importante en esa situación, al igual que el escoger las palabras. Cuando se habla a los hijos sobre los planes de separarse o divorciarse, los padres deben cerciorarse de mantener la calma y controlar sus emociones.

Nunca será fácil, pero trate de escoger un momento en que esté relativamente calmado. Por ejemplo, diga a los hijos: "Mamá y yo hemos estado teniendo problemas y no estamos felices de vivir juntos. Vamos a vivir separados durante cierto tiempo; quizá para siempre. Ustedes me verán cada fin de semana, e incluso los veré en el transcurso de la semana si me necesitan". Si los planes son para separarse permanentemente, lo más razonable es acordar visitas frecuentes a los hijos en un principio, y aumentar paulatinamente el tiempo entre una visita y otra, hasta que el intervalo entre ellas sea el acordado legalmente. Las separaciones violentas son más difíciles para los hijos (y para los adultos); por tanto, recomendamos una separación gradual. En resumen, los padres que se divorcian deben: *a)* evitar denigrarse el uno al otro delante de los hijos; *b)* mantener la calma y el aplomo personal cuando discuten con los hijos el divorcio, y *c)* evitar paulatinamente la presencia del padre que no mantendrá la custodia de los hijos.

Alteraciones en el desarrollo. Desde un principio señalamos nuestro desacuerdo con respecto a los rótulos "hiperactivo", "disfunción cerebral mínima", etc., que suelen aplicarse a los niños. Tales denominaciones no necesariamente dan por resultado un tratamiento exitoso y pueden causar problemas al chico más adelante. Por ejemplo, pueden crear en otras personas expectativas que en realidad generan y mantienen precisamente las conductas consideradas problemáticas. Los rótulos tampoco especifican claramente cuáles conductas manifiestan o no los chicos. Por ejemplo, algunos niños con "alteraciones en el aprendizaje" son hiperactivos, y otros todo lo contrario; algunos hablan mucho y otros no lo hacen si no se les llama. Por tanto, si a su hijo le diagnostican como hiperactivo, con alteraciones en el aprendizaje o con algún otro padecimiento similar, no se desespere; parta de cero sobre las respuestas y especifíquelas claramente. Una vez que haya especificado y medido las conductas del niño, la tarea de modificarlas no resultará perturbadora ni deprimente. Simplemente siga los cinco pasos básicos para ayudar a los hijos a cambiar.

Es importante señalar que, ante las conductas indeseables de los hijos, no deben esgrimirse excusas como "Es retardado" o "Tiene alteraciones en el aprendizaje", o bien "Padece disfunción cerebral mínima". Ello sólo hará más difícil el aprendizaje. Siga los cinco pasos para modificar la conducta: *a*) especificación; *b*) medición; *c*) identificación; *d*) desarrollo de un programa, y *e*) evaluación. La competencia con que se ayude a los hijos reforzará su autoimagen y aumentará sus oportunidades para llevar una vida feliz, productiva y significativa.

Abuso de sustancias. La gama de sustancias tóxicas de las que un chico puede abusar incluye, entre muchas otras, el tabaco, el alcohol, las anfetaminas y la marihuana. El consumo de alcohol entre los jóvenes constituye un serio problema de salud, al igual que sucede entre la población adulta. La familiaridad con las drogas y sus efectos parece disminuir el miedo de los chicos por consumirlas y fomenta la experimentación. No se recomiendan los constantes regaños relacionados con el uso de tales sustancias.

Existen varias formas en las que los padres pueden disminuir las oportunidades de que sus hijos abusen de las drogas:

Primero: uno mismo no debe abusar de ellas. Una vasta investigación revela que hábitos como tal tipo de abusos están influidos en gran medida por el mal ejemplo.

Segundo: no debe sermonear constantemente a sus hijos respecto de lo perjudicial del alcohol y las drogas. ¡Tales peroratas parecen tener un efecto similar al que ejercen los capotes ante un toro! Recuerde que los chicos, especialmente los adolescentes, son atraídos por el fruto prohibido.

Tercero: si usted consume alcohol, hágalo con moderación. Su ejemplo es muy importante.

Cuarto: ofrezca a sus hijos desafíos e intereses positivos. Incúlqueles pasatiempos y actividades que hagan olvidar el abuso de sustancias. Los deportes constituyen un excelente ejemplo. A menudo los hijos que se aburren pueden descubrir travesuras; otras veces pueden descubrir las drogas.

Qué hacer cuando el programa fracasa

Algunas veces incluso los programas cuidadosamente concebidos no funcionan como se esperaba. No debe desalentar a nadie esto. En la mayoría de los casos las fallas del programa pueden identificarse fácilmente mediante una verificación sistemática y puede adoptarse un nuevo y más eficaz programa.

En este capítulo se describen algunos de los problemas que se presentan con mayor frecuencia.

CAUSAS FRECUENTES DE LA DEFICIENCIA DE UN PROGRAMA

Conductas no suficientemente especificadas

A menudo un programa parece ser ineficaz porque la conducta problema no se ha identificado con claridad. Verifíquese cuidadosamente la conducta especificada y el que se hayan seguido las reglas 1 a 3. Es posible que en forma accidental se esté midiendo otra conducta y no la que originalmente se pretendía ayudar a modificar. Por ejemplo, en cierto momento algunas observaciones referentes al hijo pueden rotularse como "mala actitud hacia la escuela", y cuando se establezca la línea base sólo incluir la negativa de realizar tareas en casa o de llamar a los maestros por su nombre. Una vez más, debe uno estar seguro de las conductas que padres e hijos desean modificar. Si uno de los padres interpreta los "arranques de rabietas" como arrojarse al suelo, gritar y lanzar amenazas como conductas indeseables, en tanto que el otro los interpreta como cerrar violentamente la puerta de la habitación, la medición no será exacta.

Problemas de medición

En ocasiones los padres cometen errores al medir las conductas de sus hijos. Pueden medir la línea base del comportamiento del niño en una ocasión, durante el día, y evaluar el programa en otra. Por ejemplo, los padres de un chico cuyo problema especificado era chuparse el dedo midieron tal problema en la mañana, durante la etapa de línea base, pero después empezaron a medirlo precisamente antes de que se fuera a dormir, en el transcurso de la fase de programa. Por supuesto, sus resultados no reflejaron fielmente el progreso del hijo. Un repaso a las reglas 4 a 7 podría ayudar a descubrir problemas de medición.

Estímulos débiles

La mayoría de los problemas comunes en programas ineficaces consisten en el empleo de estímulos débiles. Seis de cada 10 programas de tal tipo incluyen estímulos débiles Con frecuencia los padres tienden a suponer que "lo que resultó eficaz para mí, lo será para mi hijo".

Algunas veces culpamos a los chicos de falta de cooperación, cuando en realidad simplemente no se proveyó de motivación adecuada. Los programas que parecen ser ineficaces, a menudo se convierten en exitosos tan solo al usar estímulos diferentes. Por tanto, no se vacile para intentar el empleo de diversos estímulos distintos con objeto de ayudar a los hijos a modificar sus conductas. También podría desearse usar más de un estímulo a la vez. Puede resultar útil releer las reglas sobre identificación de estímulos (reglas 8 a 10), y repasar el aumento de duración de los mismos, en el capítulo 6. Recuerde que algunos estímulos particulares pueden convertirse en ineficaces mientras se les emplea; en consecuencia, debe tener presente que puede requerirse su cambio para adecuarlos a las necesidades de sus hijos.

Falta de consistencia

Como se sabe, ayudar a los hijos para que modifiquen sus conductas implica también una modificación de las respuestas de los padres.

La segunda causa más frecuente de la ineficacia de un programa es la falta de consistencia por parte de éstos. Cuando se enseñan nuevas respuestas a los hijos la consistencia resulta muy importante. Los programas inconsistentes confunden al chico y frustran a los padres.

Si usted descubre que un programa no funciona como esperaba, verifique la consistencia con que aplicó los estímulos. Cuando se observen las conductas deseables, provea al chico los estímulos como se indicó en el capítulo 6; cuando se manifiesten conductas indeseables, siga lo establecido en el capítulo 7. La consistencia se aprende, tal como la mayoría de las otras conductas. En las muestras de contratos se han mencionado ya algunas sugerencias para que los padres mantengan la consistencia. En el capítulo 11 se ofrecen más ideas para desarrollar y mantener ésta. Sea consistente y perseverante; el estímulo de los padres será un hijo ¡más sano y feliz!

Demasiado tiempo entre respuesta y estímulo

Se recordará, del capítulo 5, que los estímulos deben administrarse inmediatamente después de una respuesta, para ayudar a los hijos a modificar su conducta. Éste es un principio muy importante. Hemos observado diversos programas en que los padres han desarrollado con cuidado procedimientos para ayudar a sus hijos a cambiar, pero accidentalmente han retrasado la aplicación de estímulos. La mayoría de las situaciones comunes en que esto ocurre se dan cuando se promete "bastante dinero" por modificar alguna conducta que habrá de medirse en el futuro. Ejemplos de ello lo constituyen el mantener limpia una habitación durante un mes, obtener mejor calificaciones en la escuela al finalizar un lapso de seis semanas, etc. Como ya se ha aprendido, generalmente esto muestra por sí mismo su ineficacia.

Pasos demasiado largos

En ocasiones un programa no ayuda a los hijos a modificar su conducta porque se viola el Principio de pasos cortos (capítulo 5). Pedirle a un niño que nunca ha usado cuchillo, tenedor y cuchara que de pronto, en una sola comida, se vuelva competente, no es realista. Piense en los pasos cortos; permítale al niño aprender a tal ritmo. Por ejemplo, primero debería aprender a usar la cuchara, luego el tenedor y finalmente el cuchillo. Ello permite al niño experimentar el éxito a lo largo del aprendizaje y evita la frustración, la autocensura y la sensación de fracaso.

Interiorización prematura

Una vez que el hijo ha aprendido exitosamente una conducta, los padres desearán fomentar la interiorización de tal respuesta. Como se afirmó en el capítulo 5, la interiorización se logra presentando gradualmente menos y menos estímulos materiales o que consistan en actividades y confiando cada vez más en las habilidades interpersonales de los propios padres. A veces la interrupción de estímulos puede ocurrir demasiado bruscamente, lo cual da por resultado la alteración del proceso de aprendizaje. Insistimos en que éste no es un aspecto serio; simplemente se debe volver a partir de una fase anterior del programa, y proceder con mayor lentitud y cautela.

Interferencia de modelos

Cuando se ayuda a los hijos a modificar sus conductas es importante presentarles modelos, personas, que respondan de manera deseable. Si los padres desean ayudar a sus hijos adolescentes a dejar de fumar, ello resulta mucho más fácil si los padres no fuman. Éstos pueden aprender a controlar sus propias conductas pero, desafortunadamente, no siempre pueden proteger a sus hijos de modelos indeseables, como los compañeros de escuela que son delincuentes. Sin embargo, el efecto de otros modelos pueden minimizarse si los padres mantienen relaciones positivas con sus hijos. Sólo con una interacción positiva padre-hijo puede el primero contrarrestar los modelos peligrosos e indeseados ajenos a la familia. En resumen, si un programa fracasa, intente determinar si el chico está observando un modelo que lo influye en forma adversa. Si tal modelo es el padre (lo cual bien puede ocurrir), desarrolle un programa para modificar las respuestas de éste. Ello se explica en el capítulo 11.

Debe perseverarse

Puesto que el ser padre es la profesión más desafiante e importante, los padres pueden darse por vencidos cuando algo que intentan no da buenos resultados inmediatamente. La perseverancia es esencial para ejercer una paternidad eficaz. Si el primer intento de afrontar la conducta indeseable de un hijo no tiene éxito, no se debe ceder y *tirar la toalla*. La paciencia y la perseverancia serán recompensadas. Simplemente corrija las deficiencias que presenta el programa y haga un nuevo intento.

A ningún hijo le sobra ayuda ni existe padre que no pueda darla. Los padres son, naturalmente, quienes mejor pueden ayudar a sus hijos a solucionar sus problemas. Los esfuerzos iniciales pueden no ser perfectos, pero la continua aplicación de los principios de paternidad positiva darán por resultado una paternidad más eficaz, así como hijos felices, competentes y confiados.

REPASO

Preguntas

1. El problema más frecuente de los programas que no alcanzan el éxito consiste en la debilidad de los estímulos.

   ¿Verdadero o falso?

2. Si se desea ayudar a los hijos a abstenerse de fumar, es importante que los padres no fumen.

   ¿Verdadero o falso?

Respuestas

1. Verdadero.
2. Verdadero.

Cómo modificar la conducta de los padres

El lector ha aprendido a desarrollar programas para ayudar a los hijos a modificar su conducta. Ahora es tiempo de echar un vistazo a la conducta de los padres. Como quizá se sepa, las respuestas de los padres afectan en gran medida la conducta de los hijos. Este capítulo ofrece una lista de las cosas que los padres deben hacer y otra de las que no deben hacer, así como una breve sección sobre cómo modificar la conducta de aquéllos.

LO QUE DEBEN HACER LOS PADRES

Hay varias cosas constructivas que deben hacerse para ser padres más eficientes. Recuerde que las conductas que se bosquejan a continuación se aprenden; por tanto, si no suele manifestarlas, practíquelas, y alabe a su cónyuge si las lleva a la práctica.

1. Preste atención a sus hijos cuando se comporten apropiadamente, brindándoles sonrisas, halagos, abrazos y otras "sorpresas" (como dulces, adelantos de mesada, uso del automóvil). Descubra a sus hijos comportándose adecuadamente; no tome una conducta buena como algo que simplemente debió darse en forma natural.
2. Ignore, cuando sea posible, las conductas inadecuadas.
3. Pase con sus hijos tanto tiempo como sea posible. Esto les permitirá tomarlo a usted como modelo. Camine con ellos, escuche sus problemas y trate de conocerlos.
4. Lleve un registro de las conductas de los hijos antes, durante y después de intentar el desarrollo de un programa.

5. Siga los principios básicos de aprendizaje (capítulo 5) cuando desarrolle programas para ayudar a sus hijos a modificar sus conductas.
6. Emplee contratos escritos con niños mayores y adolescentes, para evitar malos entendidos.

LO QUE NO DEBEN HACER LOS PADRES

A menudo los padres manifiestan ciertas respuestas que generalmente no son útiles (al menos a la larga) para desarrollar conductas deseables en sus hijos, o para eliminar las indeseables. Algunas de las más frecuentes se citan a continuación. Ello no quiere decir que tales técnicas nunca funcionen. En ocasiones lo hacen, pero no en forma consistente y sí en verdad de manera no positiva.

Los padres pueden muy fácilmente verse involucrados en un intercambio de penas con sus hijos. Un niño que muerde a su hermana, también "hiere" a sus padres. Éstos, a su vez, pueden hacerlo sentirse mal si le pegan. Las zurras por lo general hacen que el hijo deje de morder en este momento, pero en muchos chicos agresivos no producen una disminución en la frecuencia de tal conducta, e incluso pueden incrementarla. Cuanto más lo hace el niño, más le pegan los padres. Tales zurras aumentan la conducta de morder, a la que le sigue un aumento en las zurras. La erradicación del círculo vicioso es responsabilidad de los padres. Repase la lista que se da en seguida. Si usted aplica cualquiera de estas técnicas después de que sus hijos manifiestan conductas indeseables, es importante que modifique su proceder.

1. No intente persuadir a su hijo mediante argumentos, razonamientos (más de una o dos veces), sermones (más de una o dos veces), o preguntándole "¿por qué hiciste eso?" Niños y adultos por lo general son incapaces de contestar adecuadamente a un "¿por qué?". Sin embargo, es aún más importante el hecho de que el hijo puede aprender, simplemente, a contestar lo que desean oír los padres. Los hijos pueden volverse muy competentes para inventar excusas y disculpas, pero incompetentes para modificar sus conductas.
2. No amenace a sus hijos con: *a*) eventos sobre los cuales los padres no puedan ejercer control ("Te enviaré al hospital

estatal"), o *b*) consecuencias que el propio padre no desea ("¡Si ves otra vez a Jaime, dejarás de existir para mí!"). Algún hijo puede tomarle a uno la palabra y obligarlo a dar marcha atrás, o a proceder en sentido contrario respecto de la amenaza.
3. No convierta en un hábito perder el control y recurrir a los gritos, las vociferaciones o los arranques de cólera cuando sus hijos se comporten inadecuadamente. El Principio de modelamiento establece que ello podría dar por resultado un hijo colérico.
4. No intente hacer sentir culpable o incómodo a su hijo mediante acusaciones ("Has arruinado mi vida"), reproches ("Nunca haces las cosas bien"), frases que lo hagan sentir avergonzado ("No eres sino un fracaso, como lo demuestran tus notas tan malas en matemáticas"), o regaños ("Escucha, Daniel: estamos cansados de tu desobediencia").
5. No ejerza el poder físico sobre su hijo mediante zurras, golpes, sacudidas o manotazos. Muchos padres recurren a ello, pero a la larga no resulta particularmente eficaz. No se debe dejar engañar por la creencia de que el castigo físico produce resultados inmediatos. Un hijo a quien se le pega por pelear, generalmente deja de reñir mientras se le castiga; pero la principal preocupación de los padres consiste en el total desarrollo del hijo. El castigo, como ya hemos visto, tiene efectos colaterales desagradables.
6. No acompañe un halago con una crítica. Por ejemplo: "Me gusta cómo luces, ¡excepto por tu cabello tan desordenado!" Los efectos del halago se reducen o desvanecen por el comentario negativo que le sigue. Existen pruebas de que la combinación de un halago y un reproche puede resultar peor que la no manifestación absoluta del primero.

MODIFICACIÓN DE LA CONDUCTA DE LOS PADRES

En algunos de nuestros primeros ejemplos ilustramos cómo incluir en un programa las conductas problemas de los padres. Los contratos entre éstos y sus hijos constituyen el método más popular, aunque algunos padres han llevado a la práctica contratos con sus respectivos cónyuges. Por ejemplo, un padre que rara vez alababa a su hijo por las buenas notas que éste obtenía, aun cuando era excelente estudiante, estuvo de acuerdo en aumentar sus comentarios positivos, de uno a 14 por semana, a cambio de prerrogativas de ver televisión los domingos por la tarde. Elaboró un contrato con su esposa, quien llevaba la cuenta de los comentarios positivos de él y vigilaba el cumplimiento del convenio. Las multas por actos como "quejarse por el desorden de la habitación" también resultan muy útiles. Una madre aceptó incluso someterse a tiempo fuera durante 20 minutos cada vez que reprendiera a su hijo. Las mismas técnicas empleadas con los hijos resultan eficaces en los padres, por lo cual deben repasarse los capítulos 6, 7, 8 y 9, así como aplicarse aquéllas a la conducta de los padres.

EJERCICIOS DE RELAJACIÓN

Cuando se sienta angustiado, nervioso o tenso debido a las conductas de sus hijos, intente relajarse. Sugerimos que usted o su cónyuge graben los siguientes ejercicios. Emplee un tono de voz suave y tranquilo cuando lea los mismos, y hable pausadamente. Una vez que haya grabado los ejercicios, practíquelos diariamente a lo largo de dos o tres semanas. Cuando ya domine la técnica, debe ser capaz de calmarse diciéndose "Relájate". Practique estos ejercicios con regularidad, y recurra a las respuestas de relajamiento en vez de gritar, quejarse y regañar. El propósito de estos ejercicios es proporcionarle al lector un método sistemático de relajamiento muscular. Siéntese en su silla favorita o recuéstese sobre una cama, y póngase lo más cómodo posible. Muévase en la silla o la cama hasta experimentar la mayor comodidad; debe encontrar una posición que haga posible lo anterior. Comience entonces:

> Escoja un punto del techo y fije la mirada en él. Debe elegir un punto tal que, al mirarlo, no se esfuercen los ojos. Vea el mismo con fijeza y persistencia. No debe prestar atención a nada que no sea el punto. Por supuesto, a la larga podrá experimentar cansancio en los ojos debido a la mirada fija en aquél, y tenderá a desear cerrarlos. Si quiere, puede entonces bajar los párpados. Debe relajarse por completo. Deje descansar los ojos y ciérrelos. Concentre la atención en los músculos que rodean a los párpados, y no piense en otra cosa. Piense en lo bien que se sienten los párpados. Relaje completamente los músculos en torno a los párpados. Respire.
> Ponga atención en los músculos de la cabeza. Relaje totalmente los músculos de la misma. Piense en el cuero cabelludo y siéntalo. Relájese y aflójese. Respire. No piense en otra cosa que no sea el relajar los músculos de las sienes.

Se siente uno fresco y reconfortado. Relaje los músculos de la frente. Siéntalos y relájelos por completo... con mucha, mucha calma. Relájese totalmente. No piense en otra cosa más que en el relajamiento.

Piense ahora en los músculos de las mejillas. Concentre su atención en éstas y experimente la comodidad que produce el hecho de que estén relajadas. Imagine los músculos que rodean a sus orejas y relájelos. Respire. Del mismo modo, relaje los músculos que rodean a la nariz y a la boca; permanezca completamente relajado. Relaje ahora los músculos de la barbilla y sienta todo su cuerpo relajado. Concentre su atención en la cabeza y experimente cuán relajada y descansada se siente. Relájese aún más...

Ahora, preste atención a los músculos del cuello.

Concentre la atención para relajarlos, empezando por la parte posterior. Sienta cómo el relajamiento avanza de la base del cráneo hacia la parte inferior del cuello. En este momento afloje el cuello hasta sentirlo relajado. Respire. Experimente cómo el cuello se siente aliviado de la tensión. Dirija su atención ahora a los músculos laterales del cuello.

Sienta cómo se van destensando los músculos, desde el cuello hasta la barbilla. Respire y experimente cómo su cuerpo se siente flojo y descansado. Deje descansar los músculos de cabeza y cuello y siéntase cómodo. Piense sólo en el relajamiento.

Advierta cómo, al prestar atención sólo a su respiración, ello lo ayuda a relajarse. Inhale profundamente, y al exhalar sienta todos los músculos de su cuerpo relajados. Continúe respirando en esa forma y concentre su atención en la respiración. Piense ahora en los músculos que van del cuello a los hombros y aflójelos. Sienta que el relajamiento avanza del cuello hacia éstos.

Respire y siéntase cómodo. Sienta cómo lo invade una sensación de paz y tranquilidad. Relaje los músculos de los hombros. Déjelos aflojados y sienta el descanso que produce hacerlo. No piense en otra cosa sino en su cuerpo relajado y en la paz y la tranquilidad que ello le produce. Ahora sienta cómo el relajamiento que experimenta en sus hombros se extiende hacia los brazos; respire profundamente y siéntase cómodo. Sentirá que el relajamiento avanza hacia las manos. Éstas descansarán mucho y las sentirá muy ligeras. Déjelas así, completamente aflojadas. Puede llegar a sentir un ligero temblor en los dedos.

Relájelos. Respire profundamente y piense tan solo en el relajamiento. Relaje por completo los brazos, las manos y los dedos.

Concentre la atención en los músculos del pecho y, a la vez que respira, siéntalos. Relaje todos los músculos. Elimine toda tensión en los músculos del cuello y respire profundamente. Advertirá que el relajamiento empieza a cubrir el abdomen. Relaje por completo los músculos de la región del estómago. Relaje esos músculos. Deje que el relajamiento llegue a la espalda. Afloje totalmente los músculos de ella. Comience por los músculos contiguos al cuello y descienda progresivamente hasta relajar los de la parte inferior. Piense sólo en el relajamiento. Respire profundamente y descanse mucho, mucho, la espalda. En este momento deben comenzar a sentirse los efectos globales del relajamiento, y generalmente el cuerpo debe experimentar tranquilidad. Deje que el relajamiento corra hacia las piernas, empezando por los muslos, que se harán cada vez más y más ligeros. El relajamiento abarcará las rodillas, las pantorrillas y finalmente, los pies y los dedos. Experimentará una sensación de plena tranquilidad. Relájese todo. Se dará cuenta de que todos los músculos del cuerpo están relajados por completo, y se sentirá maravillosamente descansado. Está respirando profundamente, y cada respiración lo hace relajarse más. Está completamente relajado y respira profundamente. Todo relajado.

Imagine que está dentro de un globo, y que éste lo hace elevarse y flotar dentro de la habitación. Se sentirá tan ligero como una nube, y muy, muy relajado. Se sentirá libre y confortado. No existe peligro alguno y está en paz consigo mismo. Advertirá que esta sensación de ligereza y absoluta despreocupación ayuda a relajarse. Relájese totalmente. Ahora debe dejarse transportar por el globo hasta posarse sobre la cama o la silla, y debe sentir la acción de su propio peso contra ésta. Experimente el peso que ejerce sobre la silla, y relájese completamente.

Comience a contar del 1 al 5. Cuando llegue al número 3, sienta cómo empieza a desperezarse, tal y como si saliera de un sueño profundo. Para ello, estire bien los brazos, y bostece con la boca bien abierta. Al llegar a cinco, y sólo entonces, comience lentamente a abrir los ojos, como si estuviera abriendo una cortina muy pesada. Poco a poco, póngase nuevamente en contacto con su entorno, es decir, con la habitación en donde se encuentra. Permanezca un minuto en esa posición y al incorporarse hágalo con lentitud, tranquilamente...

Toda persona necesita aprender a relajarse. La mayoría de las tareas se realizan mejor en un estado de relajamiento moderado. La paternidad no es una excepción. La práctica constante del relajamiento permitirá evitar los gritos y regaños a los hijos cuando éstos convierten a sus padres en un manojo de nervios. El estar relajado permite ser más positivo y tomar decisiones sensatas respecto de los hijos.

Síntesis de paternidad positiva

El lector cuenta ya con todo lo necesario para llevar a la práctica sistemáticamente el método de paternidad positiva. Cuenta, en la medida necesaria, con la motivación, la preocupación por sus hijos; de lo contrario, no habría leído este libro. Los 11 capítulos precedentes han proporcionado algunas habilidades adicionales, así como un método sistemático para ejercerlas.

A fin de repasar tales habilidades, se ofrece a continuación una lista de reglas de la paternidad positiva. Dicha lista servirá también como referencia; en lo futuro sólo se requerirá remitirse a ella para reubicarse en el programa.

REGLAS DE PATERNIDAD POSITIVA

1. Las conductas especificadas requieren cierta interpretación por parte de los padres.
2. Las conductas especificadas pueden ser fácilmente explicadas a otros observadores.
3. Las conductas especificadas son mensurables.
4. Una conducta es mensurable si puede establecerse en cualquiera de estas formas:

    a) Número de veces por _____ (unidad de tiempo que se desee emplear: hora, día, semana o mes) que _____ (nombre del hijo) _____ (conducta especificada, por modificar).

    b) Número de _____ (unidad de tiempo que se quiera usar: segundos, minutos, horas o días) que_____ (nombre del hijo) se pasa _____ (conducta especificada, por modificar).

5. Debe efectuarse una medición de línea base antes de iniciar el programa de modificación.
6. Después de realizar la medición de línea base debe construirse un cuadro o una gráfica.
7. Continúe recopilando y registrando (en el cuadro o la gráfica) las mediciones durante el programa y en las fases subsecuentes.
8. Cualquier cosa que el chico haga en sus ratos libres o de ocio puede emplearse como estímulo.
9. Cualquier cosa que pudiera motivar al chico, según el propio decir de éste, puede usarse como estímulo.
10. Confíe en su propia experiencia y criterio como padre para elegir estímulos.
11. Para fortalecer o incrementar la tasa de ocurrencia de una conducta, haga seguir ésta por un evento placentero o deseable.
12. Para fortalecer o aumentar la tasa de ocurrencia de una conducta, haga seguir ésta por la interrupción de un evento desagradable o molesto.
13. Para debilitar o disminuir la tasa de ocurrencia de una conducta, haga seguir ésta por la interrupción de un evento placentero o deseable.
14. Para debilitar o disminuir la tasa de ocurrencia de una conducta, haga seguir ésta por un evento desagradable o molesto.
15. Las conductas se aprenden mejor si se enseñan a pasos cortos, empleando estímulos frecuentes.
16. A fin de interiorizar una conducta, emplee un estímulo interpersonal a la vez que un estímulo que consista en una actividad, o uno material.
17. Para interiorizar una conducta, disminuya gradualmente la frecuencia con que se ofrecen los estímulos inmediatamente después de que se manifiesta tal conducta.

Ciertamente, ser padre positivo no es tarea fácil para nadie. Debe uno amar en verdad a los hijos, preocuparse por éstos y estar preparado para hacer algo por ellos. Sin embargo, una vez que usted empiece a emplear el método de paternidad positiva, advertirá que es relativamente fácil continuar, y resultará muy recompensante ver a sus hijos desarrollarse, al máximo de su potencialidad, en un ambiente positivo.

Índice analítico

Aburrimiento, 68
Adolescentes, contrato con, 75-82
Aprendizaje
  fundamentos básicos del, 44
  individual de la impotencia, 62
Atención, 65-66
  de los padres, 84
Autocontrol, 66
  sentido del, 76
Autoestima, incremento de la, en los niños, 16
Ayuda a los hijos, para que deseen hacer cosas buenas, 52

Castigo, 47-48
Clasificación, 19-20
  de los niños, 19-20
  personalidad y, 19-20
Comportamiento deseable, 70
Conducta(s), 13-14
  agresivas, 83-86
  alimentarias, 89-92
  apropiadas, atención de los padres para lograr, 67
  ayudar a los hijos para que éstos modifiquen sus, 43-54
  principios básicos, 43-54
  competentes, 20
  de desobediencia, 93-97
  de los padres, cómo modificar las, 119-124
  delictuosas, 86-89
  deseable(s), 46, 50, 115
    cómo ayudar a los hijos a aumentar las, 55-64
  en los sentimientos, influencia de las, 20-21
  escolares, 97-100
  especificación de la, 21-23, 75
  especificadas, 22-23
    mensurables, 21
  estimulación de la, 43-48
  humana, 52
    deseable, 52-53
    indeseable, 53
  inaceptables en la escuela, 99
  inapropiada, maneras de extinguir una, 65-72

indeseables,
    ayudar a los hijos para disminuir las, 65-73
    de los niños, 65
    falta de atención a una, 65
irritantes, 92
medición de la, 25-36
    pasos de la, 26
mensurables, 21-22, 27-28
modelamiento de, 52-53
modificación de la, 20-21
no suficientemente especificadas, 113
que debe modificarse, especificación de la, 19-24
seguidas por estímulos, 44
sociales, 105-108
    de los niños, 105-106
    problemas de, 105
socialmente motivadas, 66
tasa de ocurrencia, 44-45
    incremento de una, 45-46
Conjeturas, eliminación de, 16
Consistencia, falta de, 114-115
Contratación, 76
    preparación del ambiente para la, 76
Contrato(s), 75-76, 101
    conductual, 75
        con adolescentes, 75-82
        empleo del, 76-78
        por varias conductas a la vez, 79-80
        requisitos para los, 80-81
        técnica de realizar, 75
    unilateral, 81

Depresión, 62
Desarrollo, alteraciones en el, 111
Desobediencia, 94
    conductas de, 93-97

Divorcio, 108
    en Estados Unidos, tasa de, 108
Dormir, problemas relativos al, 104-105

Ensayo y error, método de, 41
Escarmientos, 48
Escuela, 97
    conductas inaceptables en la, 98
Esfínteres, entrenamiento para el control de, 100-104
Especificación de la conducta, 75
Estímulo(s), 37, 62, 77, 115
    actividades como, 39
    conductas seguidas por, 44
    criterio para elegir, 41
    débiles, 114
    duración de los, aumento de la, 61-62
    empleo de, 50-51
        reiterado de un mismo, 62
    frecuente, 49-50
    identificación de los, 37-42
        técnicas para, 40-41
    interiorizado, 51-52
    interpersonal(es), 38
        combinación de, con actividades, 51
    interrupción de, 116
    materiales, 39
    tiempo excesivo entre respuesta y, 115
    tipos, 38-40
Evento
    agradable, interrupción de la conducta por un, 46-47
    desagradable, 47
        interrupción de la conducta por un, 47-48

Gráficas, 30-34
    completa de un programa exitoso, 34
    construcción de, 34

Hábitos, 92-93
    de estudio apropiados, 99
Hogar, 15
    libre de tensiones, 15

Ignorar
    proceso de, 66
    técnica de, 65-67, 92
Imitación, 53
Impotencia, 62
Interiorización, 50
    prematura, 116
Interrupción de un evento agradable, 46-47

Lentitud, procedimientos, 49-50
Línea base
    medidas de, 28
    obtención de una, 28-29

Madurez, 66
Medición, 16, 25
    de la conducta, pasos de la, 26
    de línea base, 25, 28-29
    en la paternidad positiva, 25
    problemas de, 114
    reglas para la, 27-35
    técnicas de, 26-27
Mediciones subsiguientes, 25
Método de ensayo y error, 41
Modelamiento de conductas, 52-53
Modelos, interferencia de, 116
Multas, 69-71

Niño(s)
    alteraciones en el desarrollo de los, 108-110
    autoestima en los, incremento de la, 16
    clasificación, 19-20
    completamente malo, 20
    con alteraciones en el aprendizaje, 110
    conductas sociales de los, 105-106
    emocionalmente perturbados, 20
    hiperactivos, 20
    mimado, 62-63
    modificación de la conducta de los, 55
    retrasados, 20

Obediencia, 94

Padre(s), 116
    deberes de los, 119-120
    divorciados, hijos de, 108-109
    Modificación de las conductas de los, 121-122
    negativamente motivantes, 38
    positivamente estimulantes, 38
    positivo, 126
    prohibiciones a los, 120-121
Pasos
    cortos, principio de, 49, 115
    demasiado largos, 115-116
Paternidad, 13
    positiva, 14-15, 22
        aplicación de la, 83-111
        definición de la, 14
        dominio de la, 16
        empleo de la, 15-16
        medición en la, 25
        método de, 14-15
        reglas de, 125-126
        significado de la, 14-15

síntesis de, 125-126
técnicas de la, 25
Personalidad, 19-20
  atributos de la, 22-23
  clasificación y, 19-20
  descripciones de la, 19
  ejemplos de, 20
  y clasificación, 19-20
Problemas conductuales extremos, 15
Programa
  deficiencia de un, causas frecuentes de la, 113-117
  desarrollo de un, 77
  evaluación del, 25
  exitoso, gráfica completa de un, 34
  fracasado, medidas ante un, 113-117
  implantación de un, 55-61
Puntos, sistema de, 80

Rabietas, 13, 83
  arranques de, 44, 113
Razonamiento, sesiones de, 76
Regaños, 44, 76

Relajación, ejercicios de, 122-124
Relajamiento, práctica constante del, 124

Saciación, 71-72
  adecuado empleo de la, 72
  utilidad de la, 71
Sentimientos, influencia de las conductas en los, 20-21
Separaciones violentas, 109
Sermones, 44
Sistema de puntos, 80
Soborno, 39-40
Sustancias, abuso de, 110-111

Tarjeta de Control Escolar, 98-99
  ejemplo de, 98
  pasos de la, 99
Tiempo
  fuera, 67-68
    definición, 67-68
    duración efectiva del, 68-69
    procedimiento de, 68-69
    reglas del empleo del, 67-69
    técnica de, 67-69
  unidades de, 31

La publicación de esta obra la realizó
Editorial Trillas, S. A. de C. V.

División Administrativa, Av. Río Churubusco 385,
Col. Pedro María Anaya, C. P. 03340, México, D. F.
Tel. 56884233, FAX 56041364

División Comercial, Calz. de la Viga 1132, C. P. 09439
México, D. F. Tel. 56330995, FAX 56330870

Se imprimió en
enero de 2008,
en Impacto en Medios Publicitarios, S. A. de C. V.
BM2 100 RW